言葉づかい・ふるまい方から
クレーム対応まで

介護職が知っておきたい接遇マナーのきほん

蜂谷英津子
Hachiya Etsuko

日本実業出版社

はじめに

介護を必要とする高齢者は年々増え続け、それに応じて介護に対するニーズも多様化しています。多くの利用者に満足してもらえる介護サービスを提供するには、介護の知識や技術だけでなく、社会人としてふさわしいマナーやコミュニケーション能力を身につけることが必要です。

マナーとは、相手を不快にさせないための言葉づかいや立ち居振る舞いのことです。ルールは守らなければ罰則がありますが、マナーは守らなくとも罰則はありません。しかし、マナーを守ることでお互いが気持ちよく過ごすことができます。

マナーは約束事なので、基本的な知識や方法を身につける必要があります。しかし、一般的な「ビジネスマナー」をそのまま介護現場に持ち込むと、利用者がよそよそしく感じてしまい、距離が開きすぎてしまう可能性もあります。

私は「介護には介護に適したマナーがある」と考えています。本書では介護現場に適したマナーの知識や方法を、わかりやすくお伝えしたいと思います。介護現場でよくある場面での言動について、悪い例と改善例を数多く取り上げるなどして、具体的なポイントがわかるようにしました。

介護職として働く方のほとんどは、利用者に対するやさしい気持ちを持っていると思います。ただし、その思いをマナーとして形にして表現することが、あまり得意でない方も多いのではないでしょうか。

自分の気持ちをより的確に相手に伝えるためのスキルがマナーです。介護の現場で働く皆さんには相手のことを思いやることは当然として、その場で常に適切な対応が求められているということに留意してください。

このスキルを身につけるために、本書を役立てていただければ大変嬉しく思います。

２０１８年５月

蜂谷英津子

第2章 電話応対の基本を身につける

第3章 クレーム対応の基本を身につける

第4章 あなたの第一印象を決める表情や態度、語調

第5章 介護現場に適切な身だしなみとあいさつの仕方

第6章 働く人同士がスムーズに仕事をするための言葉づかい

カバーデザイン◉井上新八
カバー・本文イラスト◉宮重千穂
本文デザイン・DTP◉一企画

序章

質の高いマナーは利用者に感動を与える

まずはじめに、介護職員が基本的なマナーを身につけることの重要性について考えてみましょう。

介護職の役割とは、介護を必要とする人が、Quality of life（生活・人生の質）を高めながら尊厳を持って「その人らしく生きられる」ように、自立支援を援助することです。また、介護という仕事は介護する職員の人間性によってその質が左右されます。

介護サービスには二種類あります。一つは「本質サービス」、もうひとつは「表層サービス」です。

本質サービスとは、「対価に見合う当然のサービス」のことです。例えば、介護の安全性や確実性、職員の優れた介助技術などです。

一方、表層サービスとは、「利用者や家族があったら嬉しいと期待するサービス」のことです。例えば、施設の設備や雰囲気、豊富な食事のメニューやおいしい味つけ、礼儀正しいスタッフの対応などです。

あくまでも、介護の中心は本質サービスです。安心で安全な本質サービスをきちんと提供することで、表層サービスの提供も可能になります。

ただ、利用者や家族が見たり、感じたりすることの多くは表層サービスです。食事などが充実していなければ、利用者や家族に満足してもらうことができません。満足度の低いサービスを提供していると、利用者が継続して介護サービスを受けたいとは思わなくなってしまいます。

本質サービスがしっかりしていて、同時に充実した表層サービスも提供することが可能となることで、利用者や家族に本当の意味での満足を与えることができます。

介護職員の三つの役割

介護職員は、大きく分けて次の三つの役割が求められています。

■介護の本質サービスと表層サービス■

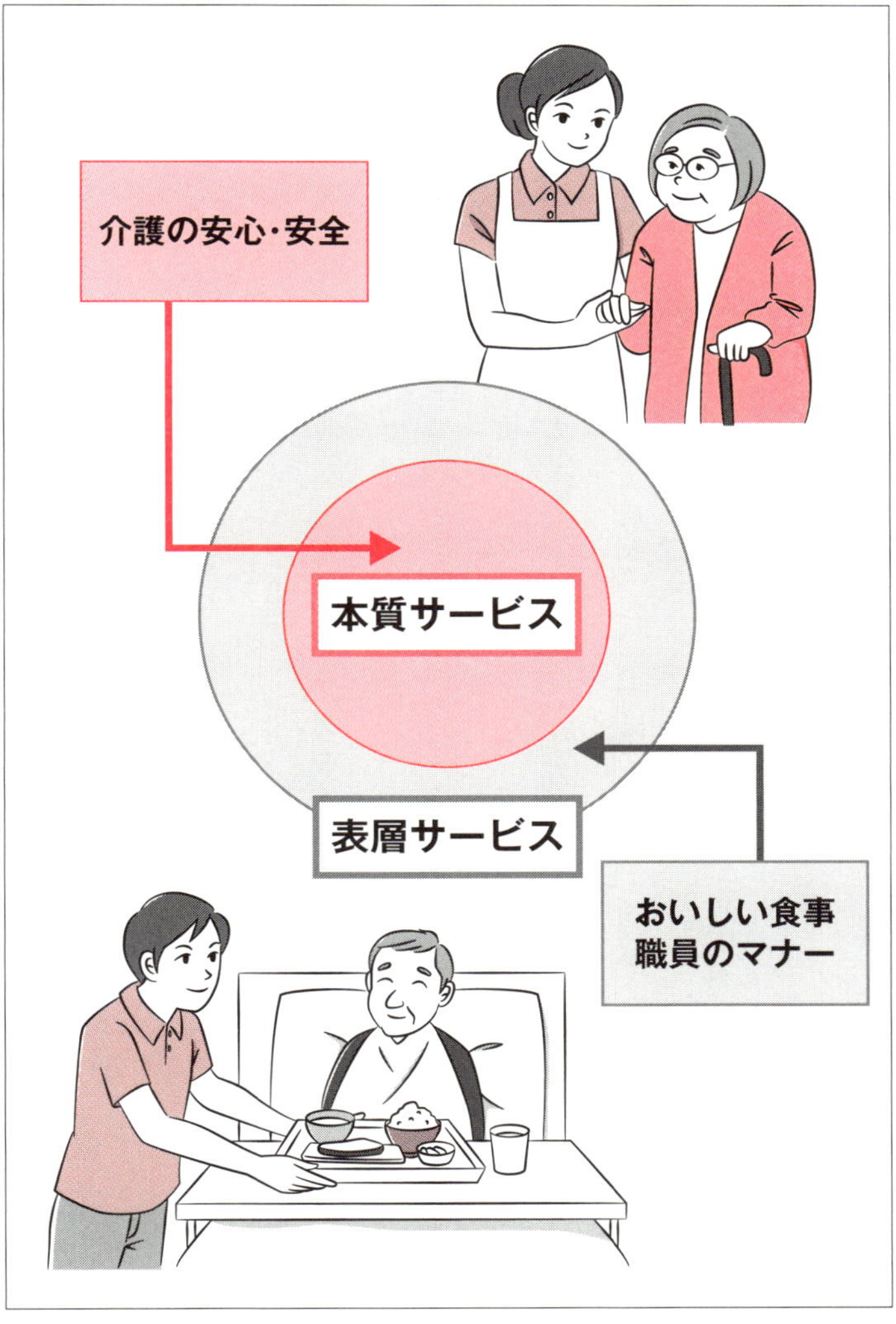

❶安心で安全な介護サービスの提供

安心で安全なサービスを提供するためには、介護職員は専門性の高い知識を習得して、質の高い介護技術を身につける必要があります。

また、一緒に介護を担当する職員と、利用者についての情報を共有したり、利用者の守秘義務を守ることも重要です。

❷その人らしい生活ができるような支援

介護職員が支援を行うには、利用者や家族、介護にかかわる他の介護者との相互尊重と信頼関係の構築が不可欠です。常に関心を持って利用者を観察することで、小さな変化にも気づくことができます。

表面に表れている変化だけでなく、利用者の「思い」を理解することも重要です。そのためには、コミュニケーション能力やホスピタリティマインドが欠かせません。

❸生きがいを持って、明るく楽しく生活できるような支援

利用者が介護サービスの提供を受けることで、楽しいと感じることができる介護を

心がけましょう。そのためには、介護職員は温かい表情や態度で、利用者に不快な思いをさせない言葉づかいで接することが大切です。

これらの役割を果たすため、**利用者を不快にさせない基本的な接遇マナーを身につける必要があります**。

介護現場における接遇マナーの重要性

「接遇」とは、官公庁などで使う「応接処遇」という言葉の略語です。「応接」は人の相手をすることで、処遇は人をもてなすことです。つまり、接遇とは、おもてなしの心を持って相手に接する、という意味です。

一方「マナー」とは、相手を不快にさせない言葉づかいや立ち居振る舞いのことです。つまり**「接遇マナー」とは、あなたのおもてなしの心を、目に見える形にして相手に伝えることです**。

皆さんは接遇マナーという言葉をどのようにとらえていますか？　私は、接遇マナーにはバランス感覚が重要だと考えています。具体的に言えば、相手のことを思いやり、その場に合った対応ができることではないでしょうか。ＴＰＯにあわせた接遇マナーの使い分けを覚えましょう（ＴＰＯとはTime〈時〉、Place〈場所〉、Occasion〈場合〉のこと）。

介護サービスの現場では、**介護サービスを提供する個々の職員のイメージが、そのまま提供サービス自体のイメージや事業所全体のイメージにつながります**。

仕事をしていくうえでは、誰もが多くの人との関係を持ちます。特に介護の仕事は、一人の利用者に対して、多くの職員が協力してかかわるチームケアが基本です。利用者にとって満足度の高い介護サービスを提供するためには、利用者や家族、一緒に働く人たちと良好な人間関係を築くことが必要です。そのためにも、相手を尊重する礼儀正しい態度や言葉づかいが欠かせません。

接遇マナーとは、利用者、家族、職場の上司や同僚に「自分が信頼できる存在である」ことを理解してもらうための表現方法であり、相手を不快にさせないために身につけておくべき作法です。

組織や介護チームの一員としてふさわしい「接遇マナー」を身につけましょう。

言い方が悪ければ、気づかいの言葉も暴言になる

以前、私が介護ヘルパーの資格を取得する講座の実習で、有料老人ホームを訪れたときのことを少しお話ししましょう。

私は、朝の8時前に出勤して担当のフロアに向かいました。有料老人ホームの朝の8時頃は朝食が終了する時間でもあります。その日のメニューは、「ロールパンとスープ、サラダ」でした。

ほとんどの利用者が食事を終えているなかで、一人の利用者が食事に手をつけていないことに私は気づきました。

「体の調子でも悪いのかな？」と心配になり観察していると、その利用者がロールパンを食べ始めました。その様子を見て、「よかった！」と私が安心した瞬間、近くで見守りをしていた介護職員が大きな声で「ちぎって食べなよ！　ちぎって！　喉につかえるじゃない！」と叫んだのです。

そのとき、私は大変驚きました。そして、その後「なんて、失礼な職員だろう！」と不快な気持ちになりました。

でも、よく考えれば、この言葉は意地悪なものではありません。このような場合の意地悪な言葉とは「あなたが早く食べないから、私たちの仕事がなかなか終わらないじゃない！」とか「いつも同じことを言わせないで！」などという言葉です。

「ちぎって食べなよ！　ちぎって！　喉につかえるじゃない！」という言葉で職員が伝えたかったのは、「小さくちぎって食べないと、喉につかえてしまいますよ」という意味あいのものでしょう。

言葉の内容は利用者への「気づかい」でもあります。でも、**言い方が悪ければ、上から目線の失礼な言葉として伝わってしまいます**。

この職員が「小さくちぎって食べてください。そうしないと喉につかえますよ」と伝えていれば、私は「なんて気づかいのある職員だろう！」と感心したと思います。

現場での「慣れ」に気をつける

私のように、初めて介護現場に入ったときに、先輩職員の利用者への態度や言葉づかいにたいへん驚いたという職員はたくさんいます。

ところが、介護現場で働いていると、だんだん慣れてしまって何も感じなくなってしまい、気がついたら自分も同じような言葉づかいをしていた……と反省する職員も数多くいます。

おそらく「ちぎって食べなよ！」と声をかけた職員は、この利用者の世話を長い間しており、自分としては「親しみ」から出た言葉かもしれません。利用者と職員の関係を継続的に見て理解している人であれば、背後にある二人の関係から、多少乱暴な言葉づかいをしても、容認できる場合もあるでしょう。

しかし、私のように初めて介護施設を訪問した人や、たまに訪れる利用者の家族のなかには、断片的にその場の状況のみを見て、不快な気持ちになる方も多いと思います。特に**施設での介護では、特定の利用者にかけた言葉を、周りの利用者や家族が聞**

いているということを忘れないようにしましょう。

この本を読んでいる方は、介護のプロ、もしくはプロを目指している方でしょう。介護のプロとは、介護技術のみでなく、利用者の気持ちにも配慮することができる人のことです。

言い方が悪いと、気づかいの言葉も暴言になってしまいます。くれぐれも気をつけてください。

言い方が悪いと気づかいの言葉も暴言に

NG

「○○さん、ちぎって食べなよ！ちぎって！」

内容は利用者への「気づかい」の言葉であっても、言葉づかいが悪いと、上から目線の失礼な言葉として伝わってしまいます。また、命令的な言葉は利用者のプライドを傷つけてしまいます。

OK

「○○様、小さくちぎって食べてください。喉につかえますよ」

利用者への「気づかい」は、心配りや敬いの気落ちが伝わる丁寧な言葉で伝えましょう。優しい言葉で伝えれば、表情や語調も自然と優しくなります。

第1章

相手の心に届く
言葉づかい

1

「親しみ」と「なれなれしさ」の違い

美しい言葉は、あなたの好感度を上げるための大切な要素です。**「言葉づかいは心づかい」**とも言われ、あなたのイメージを左右するものです。

また、言葉は使い方によって、相手をいたわったり、幸せにしたりすることができる反面、相手を傷つけたり、苦しめたりもします。一度口に出した言葉は元には戻せません。**「一言の重み」を考えて、相手に対する「気配り」を忘れないようにしましょう。**

「親しき仲にも礼儀あり」という言葉があります。どんなに親しい間柄であっても最低限、相手を敬う気持ちを表現することを忘れてはならないという意味です。この言葉を肝に銘じて、事業所の顔として利用者や家族を不快にさせない言葉づかいを身

■「親しみ」と「なれなれしさ」の違い■

親しみ	なれなれしさ
快感（良いイメージ）	不快（悪いイメージ）
身近である	遠慮がない
礼儀がある	礼儀を欠く
信頼関係がある	友達感覚
相手への尊敬の気持ちがある	相手の気持ちを無視している

につけましょう。

「親しみ」と「なれなれしさ」は違う

「親しみ」とは「なじみがある」「身近である」「心に隔てがない」などという意味です。親しみがあるとは、相手に対する思いやりや尊敬の気持ちを持っていて、礼儀正しい振る舞いができる態度のことです。

一方「なれなれしさ」とは、それほど親しい間柄でもないのに、打ち解けすぎて、遠慮がなく、ぶしつけな態度や振る舞いをすることを指します。

なれなれしいとは、相手の気持ちを無視した、礼儀を欠く態度のことです。

自分は親しみをこめて接しているつもりでも、相手はなれなれしい人だと感じていることもあるので、注意しましょう。

介護現場で働く職員の多くは、利用者に対して、当初は丁寧な対応をしているものの、同じ利用者と何度も接しているうちに、利用者との距離が縮まったと思い込み、だんだんなれなれしくなってしまうことがあります。そうならないためにも、利用者に親しみを感じてもらえていても、常に丁寧な言動となるよう、心がけましょう。

マナーは利用者と適切な距離を保つ

なれなれしい言葉づかいの弊害は他にもあります。

特定の利用者となれなれしい関係になると、利用者と介護職員という関係が維持できなくなりかねないからです。なれなれしい関係が続くと、お互いに遠慮がなくなり、利用者もその職員に、他の利用者と違う特別なサービスを求めてしまいます。

特に、訪問介護などの一対一の業務では、ケアプランにないことを依頼されることにもつながります。**自分の立場を守るためにもマナーが必要なのです**。

一方、介護職員にとっても、職業人としてのマナーが失われて、利用者に対して遠慮のない、上から目線の言動をとりがちになります。「仕事として利用者の介護」をしているという視点を持って働くことが重要です。

利用者と親密になることには多くの利点があります。介護の仕事では、利用者に近づくことで初めてわかることや、普段なら他人には話さない事柄を話してくれることもあります。

一方いままで述べたように、利用者に近づき過ぎると、なれなれしい関係になってしまいかねないという欠点もあります。介護のプロとして利点と欠点を自覚して**「利用者と程よい距離を保つ」**ことが大切です。

「程よい距離を保つ」とは、なれなれしくもなく、冷たくもない心理的距離のことです。必要に応じて利用者との心の距離を調節できる能力も必要です。

介護職員は「仕事として利用者の介護」をしています。**「私的なしがらみがない」からこそ、利用者は、遠慮なく介護を受け入れることができるのではないでしょうか**？

友達言葉はＴＰＯをわきまえて上手に使う

なれなれしい言葉は、「友達言葉」とも言われます。友達言葉とは、友人や家族など、

■言葉づかいが相手との距離を決める■

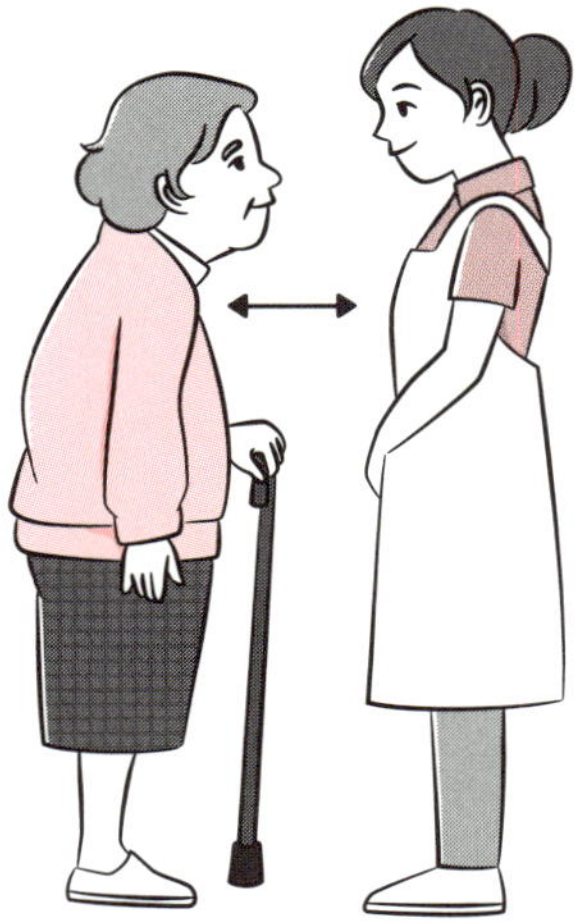

利用者と程よい距離を保ちましょう！

親密な関係の人に使う言葉です。くだけた言葉づかいをしても崩れない人間関係を築いている相手に対する、リラックスしたオープンなコミュニケーション方法です。

介護現場では、友達言葉を使用することで、利用者に親近感を持ってもらえます。ただし、使い過ぎてはいけません。

常に友達言葉で利用者に話しかけることで、あなたは遠慮がなく、ぶしつけな、なれなれしい人だという印象を持

たれてしまいます。

また、周りに他の利用者がいるようなところで、特定の利用者に友達言葉で話しかけていると、他の利用者はどのように感じるでしょうか？　もし、近くに利用者の家族や訪問者がいれば、どのように感じるでしょうか？　おそらく、良い印象を与えないと思います。利用者との関係のみでなく、周りにいる人の気持ちにも配慮することが必要です。ＴＰＯに適した言葉を選んで使いましょう。

職員の利用者への気持ちは、言葉を通じて伝わります。利用者を敬う言葉を使って声をかけるようにしましょう。

介護現場における友達言葉に注意する

NG

「○○さん、ご飯だよ！」
「○○さん、お風呂だよ！」

友達言葉は、リラックスできるオープンな雰囲気をつくれます。適切に使用することで、利用者に対して親近感や安心感を与えることもできます。ただ、友達言葉ばかりを使用すると、遠慮がなく、ぶしつけな、なれなれしい人だという印象を利用者に与えてしまいます。ＴＰＯを考えて使いましょう。

OK

「○○様、食堂までご案内します」
「○○様、お風呂の準備が整いました」

業務に関することは、敬語を使用することで、お客様である利用者に対して、介護職員としての節度ある態度と敬意の気持ちで接している、と伝えることができます

2 短く、丁寧な言葉で伝える

認知症の利用者に対する言葉づかいとして、次のような意見を述べる介護職員の方がいらっしゃいます。

「丁寧な言葉づかいで声かけをしても理解できないので、短く、簡潔に、『立って』『座って』と言うことで、相手に確実にしてもらいたいことを伝えることができます」

はたして本当にそうでしょうか？

「立って」という言葉が理解できるのであれば、「立てますか？」という言葉も理解できるのではないでしょうか？

もし、「立てますか？」という言葉を伝えても認知症の利用者が理解できない場合

■上から目線の言葉は相手を不快にさせる■

×「立って！」

○「立っていただけますか？」
「立ってくださいますか？」

聞きとりにくい場合は

「立てますか？」

短くても、丁寧な言葉づかいを心がける！

は、言葉をそれ以上短くするのではなく、ジェスチャーをつけ加えるなどすることで、認知症の利用者でも理解することができるのではないでしょうか？

はじめの声かけは、尊敬語や謙譲語で礼儀正しく丁重に行い、何回か声をかけても利用者が理解できていないように感じた場合は、短い丁寧語で、わかりやすく伝えるようにしましょう。

そのとき、表情やジェスチャーも一緒につけます。

例えば、椅子を手で指し、アイコンタクトを活用して利用者の視線が椅子のほうに向くように誘導しながら、「座れますか？」などと声をかけると効果的です。

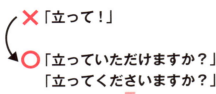

相手の立場を考えて言葉を選ぶ

思いついた言葉をストレートに口に出すのではなく、**その言葉を伝えたとき、相手がどのような気持ちになるかを考えて話しましょう**。利用者があまり人前で言われたくない言葉は、他の利用者に聞こえる場所では使わないような心配りが必要です。

例えば、職員がおむつ交換をしたいとき、周りの利用者にも聞こえるような大きな声で「おしっこ、出た？」「そろそろ、おむつ交換しようか？」と伝えるのはよくありません。

そうではなく、このような場合は、利用者に近づき、適度な大きさの声で「トイレにご案内しましょうか？」「お部屋に戻りましょうか？」などと伝えて、介助をしましょう。

言葉づかいが原因でクレームが来ることも

利用者の家族からのクレームで多いのは、介護職員の利用者に対する「上から目線」の態度や、「なれなれしい」言葉づかいです。介護施設などでこうした光景に接すると、利用者を預けている家族の方も、心が痛むことがよくあるのです。

利用者と介護職員の間には、毎日の生活を通じてある程度の信頼関係ができている場合が多く、介護職員の「なれなれしい」言動を受け入れてくれる場合もあります。しかし、利用者の家族は、施設を訪問した短い時間内で見聞きしたことから、利用者の置かれている状況を判断します。

例えば私も、次のような光景を目撃したことがあります。

家族のように親近感のある言葉づかいを好まれる利用者から「いいよ、いいよ、そんな丁寧な言葉を使わなくても」と言われ、その利用者には職員も友達言葉を使用して話しかけていました。

ところが、その利用者の家族が面会に来たとき、職員の態度や言葉づかいを見聞きして、「ショックを受けた」とクレームを出したのです。

利用者の孫のような若い職員が自分の母親を「〇〇ちゃん」と下の名前で呼び、同年代の友達に話かけるような言葉で接している様子を見て「母が軽く扱われているように感じて切なかった」という内容でした。

たとえ利用者は受け入れたとしても、それを見ている家族の気持ちは同じではありません。家族にとって、利用者はかけがえのない大切な存在であるということを忘れないようにしましょう。

逆のことに遭遇した経験もあります。介護職員が、認知症の利用者に丁寧な言葉づかいで話しかけていて、その様子を見ていた家族から「子どものようになってしまった親をちゃんと扱ってくれて嬉しい」と感謝されたのです。

言葉だけではなくジェスチャーもつける

NG

「○○さん、立って!」
「○○さん、座って!」

認知症の利用者が理解できない場合でも、指示・命令をするような言葉は避けましょう。言葉だけでなく、表情や口調まで厳しくなりがちで、利用者は、まるで叱られているように感じてしまう可能性もあります。

OK

「○○様、立っていただけますか?」
「○○様、立てますか?」

はじめの声かけは、尊敬語や謙譲語で礼儀正しく丁重に行います。何回か声かけしても利用者が理解できていない場合は、短い丁寧語で伝えます。そのとき、表情やジェスチャーもつけ加えましょう。例えば椅子を手で示し、アイコンタクトを活用して、相手の視線が自然と椅子のほうに向くように誘導するなどすると効果的です。

3 クッション言葉を適切に使う

人から伝言を頼まれたとき、「○○さんに伝えてください」と言われたら、命令されているように感じませんか？

このようなときは「お手数をおかけいたしますが、○○さんに伝えていただけませんか？」と言われれば、相手の自分に対する気配りを感じることができ、気分よく引き受けることができます。

「お手数をおかけいたしますが」といった表現を**「クッション言葉」**と言います。**お願いやお断りをするとき、クッション言葉をつけることで相手に対する印象を和らげることができます**。

また、お願いの言葉を「〜いただけませんか？」と依頼形にして伝えることで、雰囲気が柔らかくなり、相手が受け入れやすくなります。

状況に応じた使い分けを

クッション言葉は、その時々の状況に応じて使い分けると、より一層気づかいの気持ちが伝わります。以下で、シーンに応じた使い分けの例を挙げてみましょう。

❶相手に頼みごとをするとき

「恐れ入りますが」「恐縮でございますが」
「お手数をおかけいたしますが」「ご面倒をおかけいたしますが」
「折り入ってお願いがあるのですが」「ぶしつけなお願いではありますが」

❷相手に質問したいとき

「失礼ですが」「よろしければ」「お差しつかえなければ」
「つかぬことを伺いますが」「お尋ねしたいことがあるのですが」

命令的な口調は避ける

「命令的な口調」は相手に冷たい印象を与える

クッション言葉 ＋ 依頼形を活用する！

「お待ちください」
→「申し訳ございませんが、
少しお待ちいただけないでしょうか？」

「電話してください」
→「恐縮ですが、
お電話をおかけいただけませんか？」

❸相手からの依頼を断るとき

「あいにくですが」「申し訳ございませんが」
「心苦しいのですが」「せっかくですが」
「お役に立てずに残念ですが」
「お力になれずに申し訳ございません」

❹相手に苦情を言うとき

「失礼かもしれませんが」「申し訳ありませんが」
「たいへん申し上げにくいことなのですが」
「厳しいことを言うようですが」

相手に応じた使い分けも必要です。例えば、同僚に頼みごとをしたいとき、「○○さん、恐縮でございますが」と言えば、一緒に働く同僚によそよそしい感じを与えてしまいます。そんなときは、「○○さん、折り入ってお願いがあるのですが」と言えば、同僚への気づかいの気持ちも伝わり、打ち解けた雰囲気でお願いをすることができます。

逆に、利用者の家族の方などやお客様にお願いをするときには、「○○様、大変恐縮でございますが」との言い方は、敬いやへりくだりの気持ちが伝わるのではないでしょうか。

クッション言葉を相手や状況に応じて上手に使い分けることで、相手が受け入れやすくなるだけではなく、自分の相手への尊重の気持ちを的確に伝えることができます。

状況に応じてクッション言葉を使い分ける

NG

「あいにくですが、～はできかねます」

間違った言い方ではありませんが、「あいにく」という言葉は、「期待や目的から外れて都合が悪く、残念な様子」を指します。お客様から依頼を受けたとき、「あいにくですが、～はできかねます」と伝えれば、「残念だけれども、できません」といった、こちらの都合を押しつけるイメージがお客様に伝わります。

OK

「お力になれずに申し訳ございません。～ならお受けできます」

お客様から依頼を受けたときは、「お力になれずに申し訳ございません。～はできかねますが、～ならお受けできます」と条件をつけて前向きな言い方をすることで「お客様の役に立てずに申し訳ないけれども、別の方法で役に立ちたい」という職員の気持ちが伝わります。

4

敬語の適切な使い方

ここでは、敬語の種類やしくみについて押さえておきましょう。

敬語は、相手に対する「敬意」や自分の「へりくだり」の気持ちをメッセージとして伝えるものです。尊敬の気持ちが伝わることで、相手は気持ちよくあなたを受け入れることができます。敬語を適切に使うためには、敬語の種類やしくみについて知っておく必要があります。

三種類の敬語を使いこなす

敬語には、大きく「丁寧語」「尊敬語」「謙譲語」の三種類があります。相手の立場や年齢、相手との関係等を考慮して、これらの敬語を使い分けましょう。

❶丁寧語

相手と自分の立ち位置は同じで、動詞の後に「です」「ます」をつけるなどすることにより、言葉を美しくして品位を高める用法です。

こちらが、相手を丁寧に扱っていることが伝わります。

丁寧語は、相手の行為にも自分の行為にも使える言葉です。

例えば、利用者に対して「〇〇さん、外出しますか？」と質問する場合にも使えますし、「私も一緒に外出します」と自分の行為について述べるときにも使えます。

❷尊敬語

相手を高めることによって、敬意を表す言葉で、相手を尊敬している気持ちが伝わります。

「する」という動詞を「なさる」という表現に変えるなど、相手の行為に対して使います。自分の行為に対しては、使うことができません。

例えば、「○○様、外出なさいますか？」と相手に対して言うのは正しい使い方です。

一方で、「私も一緒に外出なさいます」と自分の行動に対して使うのは不適切な使い方です。

③謙譲語

自分を低め、相手への敬意を表す言葉で、間接的に相手への尊敬の気持ちを伝えます。

「する」を「いたす」に変えるなど、自分の行為に使う言葉です。

例えば、利用者に「○○様、外出いたしますか?」と相手の行為に対して謙譲語を使用するのは不適切です。「私も一緒に外出いたします」と自分の行為について使うのが、正しい使い方です。

先の会話を正しい敬語を使って伝えたいのであれば、利用者に「○○様、外出なさいますか?」と尊敬語で質問して、「私も一緒に外出いたします」と謙譲語で自分の行為を伝えます。

尊敬語と謙譲語のつくり方

尊敬語と謙譲語のつくり方には、一般形と特定形があります。

❶ 一般形

「お～なる」「～(ら)れる」(尊敬語)、「お～する」「お～いたす」(謙譲語)など、動詞の前後に一定の言葉をつけ加えます。広くいろいろな語に適応できる語形です。

❷ 特定形

「言う」を、「おっしゃる」(尊敬語)、「申す」(謙譲語)にするなど、特定の用語に置き換えることによって、適応できる語形のことです。この場合、動詞の原型の名残はなくなり、まったく違う言葉となります。

■動詞の尊敬語と謙譲語の例■

（○は一般形、◎は特定形です）

原型	尊敬語	謙譲語
する	◎なさる	◎いたす
言う	◎おっしゃる	◎申す、申し上げる
いる	◎いらっしゃる	◎おる、おります
行く	◎いらっしゃる ○行かれる	◎参る、伺う
来る	◎いらっしゃる ○来られる	◎参る、伺う
見る	◎ご覧になる	◎拝見する
聞く	○お聞きになる、 お聞きくださる	◎伺う、承る ○お聞きする
食べる	◎召し上がる	◎いただく、頂戴する
知る	◎ご存知	◎存じている（物・事柄） ◎存じ上げている（人）
話す	○お話になる、話される、 お話くださる	◎申し上げる ○お話しする、 お話いたします
読む	○お読みになる、読まれる、 お読みくださる	◎拝読する ○お読みする、 お読みいたします
会う	○お会いになる	◎お目にかかる ○お会いする

尊敬語と謙譲語の混同に注意

敬語の間違いで一番多いのは、尊敬語と謙譲語の混同です。

例えば、新人の介護職員の鈴木さんが、「お食事をいただきましたか？」と利用者の近藤さんに声をかけたとします。鈴木さんは敬語を使って丁寧に声をかけたつもりでしたが、近藤さんは無礼と感じたようで、ムッとした表情をして返事もせずに通り過ぎてしまいました。

なぜ、近藤さんは不機嫌になったのでしょうか？「いただく」は自分の行為を低めるときに使う、謙譲語だからです。そのため、「いただきましたか？」という鈴木さんの言葉に対して、自分が見下されているのではないか、と近藤さんは受け取り、不機嫌になったのです。

このような場合は「お食事を召し上がりましたか？」という尊敬語を使うことによって、近藤さんを大切に扱っているという気持ちを、言葉を通じて伝えることができます。

敬語の使い方で、相手を不快にさせてしまう可能性もあるのです。

自社の職員には尊敬語を使わない

敬語の使い方で、次に間違いが多いのは、「内」と「外」との使い分けです。内とは、自分側の人（自分の家族、自社の職員など）のことです、一方、外とは外部の人（訪問者、取引先、利用者の家族）のことです。**外部の人に対しての「自分側」、つまり自社の職員などの行為について、尊敬表現は使いません。**

例えば、あなたが施設の一般職員で、施設内で他の職員から施設長がいるかどうかを尋ねられたとします。施設長は目上の人ですから「山田施設長は、外出していらっしゃいます」と、職場内の職員に対しては尊敬語を使うべきでしょう。

しかし、利用者の家族など、外部の人から施設長がいるかどうかを尋ねられた場合は「施設長の山田は、外出しております」と謙譲語を使います。

なお、「山田施設長」という表現は「名前＋役職」となり、尊敬表現になります。そのため、外からの問い合わせには「施設長の山田」（役職＋名前）という言い方をします。施設長を職階として示したうえで、謙譲表現として名前のみで対応をしています。

丁寧な表現を身につける

敬語の使い分けを意識しなくとも、左ページの表のように日常的に使う言葉を丁寧な表現に変えるだけで、周囲の好感度が上がります。ぜひ、身につけておきましょう。

■表現を丁寧にするだけで印象が変わる■

普通の表現	丁寧な表現
おととい	一昨日《いっさくじつ》
きのう	昨日《さくじつ》
きょう	本日《ほんじつ》
あした	明日《みょうにち》
あさって	明後日《みょうごにち》
さっき	先ほど
あとで	後ほど
この間	先日《せんじつ》
もうすぐ	間もなく
ちょっと	少し
すぐに	至急《しきゅう》
これから	今後
もう一度	あらためて
どっち、どこ、どれ	どちら
どんな	どのような
誰《だれ》	どなたさま
この人	こちらさま
あの人	あちらさま
同伴者	おつれさま

自社の職員に尊敬語を使わない

NG

「看護師さんがバイタルチェックをしてくださった後、入浴介助を行いました」

家族への連絡ノートなどによく書かれている間違いです。自社の職員である看護師の行為に「してくださった」という尊敬語を使用しています。一方、利用者への自分の行為については「行いました」という丁寧語を使用しています。この文章では、利用者よりも、自社の職員である看護師を敬っていると受け取られかねません。

OK

「看護師がバイタルチェックをいたしました後、入浴介助をさせていただきました」

自社の職員である看護師の行為には「いたす」という謙譲語を使用しています。また、利用者への職員の行為についても、「させていただきました」という謙譲語を使用しています。この文章ですと、看護師もこの職員もともに利用者を敬っている気持ちが伝わります。

5 利用者のプライドを傷つけない言い方を

利用者から「トイレに行きたい」と言われた場合、職員が「はい、トイレに連れて行ってあげますよ」と答えたら、利用者はどのような気持ちになると思いますか？ **「〜してあげる」という表現から、「世話をしてあげている」という上から目線のニュアンスが、利用者に伝わってしまうのではないでしょうか？**

このような言い方をすると、利用者が「誰かの世話を受けなければ、自分では何もできない……」という気持ちになり、プライドを傷つけてしまう可能性があります。

こうした場合は敬いの気持ちが伝わるように、「トイレにご案内します」とか「トイレにご一緒させていただきます」と伝えれば、利用者は前向きな気持ちになることができるのではないでしょうか？

家族の気持ちにも配慮を

施設では名字が同じ利用者が2人以上いる場合は、混同しないように下の名前で呼ぶことがよくあります。

ある施設では、利用者本人に確認をとり、「英子さん」(仮名)と下の名前呼んでかまわないと言われ、すべての職員がその女性を「英子さん」と呼んでいました。

しかし、この利用者の娘さんが訪問したとき、「英子さん」と母親が呼ばれる様子を見て、「すべての職員さんが母のことを英子さん、と下の名前で呼んでいるのを聞いて、たいへん不愉快だった。きちんと名字で呼んでほしい」というクレームをつけました。

実はその利用者のご主人はクリニックを経営している医師で、クリニックに勤めている職員からは、利用者は「奥様」と呼ばれ、とても尊敬されていたのです。クリニックの職員から下の名前で呼ばれるようなことはなかったので、介護施設では、お母様が介護職員から尊敬されていないように感じられ、不愉快に思われたのです。

利用者本人が「いいわよ！」と了承していたので、介護施設の職員は下の名前で呼んでも問題ないと思っていましたが、家族の気持ちは、必ずしも利用者と同じではなかったのです。

名前の呼び方などは、本人だけでなく家族にも確認をとり、利用者一人ひとりの生活歴や過去の環境を考慮して、対応することが重要です。

目の前の利用者は、家族にとってはかけがえのない存在であるということを忘れずに対応しましょう。

相手が「カチン」とくる言い方をしない

「マジっすか」「まあ〜」など。普段何気なく使っていても、身内同士の会話であればともかく、他人が聞いたら、「カチン」と頭にきてしまいかねない表現もあります。次ページにこのような言葉を表にしてまとめました。こうした言い方をしないように、十分注意しましょう。

■好感度の高い言葉への言い変え■

「カチン」とくる言葉	好感度の高い言い方に直しましょう
「はあ〜？」「は？」	相手は馬鹿にされているような気持ちになります。⇒**「はい」**
「ホントっすか？」「マジっすか？」	「〜っすか？」という言い方は、相手を軽視したなれなれしい言い方です。⇒**「さようでございますか」「おっしゃる通りです」**
「え〜ホントですか？」	「私は納得していないのよ」ということを感じさせる言い方です。⇒**「さようでございますか」**
「まぁ〜ですね」「そうですねぇ〜」	上と同じく、相手に対して不満を感じさせる言い方です。曖昧で優柔不断さを感じさせる言い方でもあります。⇒**「さようでございますか」「おっしゃる通りです」**
「いえ、違います」	冷淡に即、否定されているようで相手を不快にさせます。⇒**「○○様は、そのように思われるのですね」**
「〜のほう」	「ほう」は方向や部分、分野などを表す言葉です。「名刺のほうをいただけますか」⇒**「名刺をいただけますか」**
「〜になります」	「〜になる」は形が変わる場合に使う言葉です。「こちら契約書になります」⇒**「こちらが契約書です」**
「〜でよろしかったでしょうか」	いま起きていることに対して会話をしている場合は、「よろしかった」という過去形ではなく、現在形を使います。⇒**「よろしいでしょうか」**
「一応〜」「たぶん〜」	曖昧な表現は、いい加減な印象を相手に与えます。責任感のある、前向きな表現に変えましょう。⇒**「確かに」**
「すでに〜していますが」	「それはすでにお話をしていますが」など、話の終わりに「〜していますが」という表現を使うと、「自分には責任がなく、きちんとしていますが、何かありますか？」といったような捉えられ方もされるので、注意しましょう。⇒**「もう一度ご説明させていただきます」**

プライドを傷つける言葉は使わない

NG

「○○さん、食堂に連れて行ってあげるよ」

「〜してあげる」という言葉は「世話をしてあげている」という、介護する側の上から目線の気持ちが伝わります。利用者を「誰かの世話を受けなければ、自分では何もできない」という気持ちにさせ、プライドを傷つけます。

OK

「○○様、食堂にご案内させていただきます」
「○○様、食堂にお連れします」

利用者から介助の依頼を受けたときは、「〜させていただきます」「お〜します」等の謙譲語を使用して、利用者への敬いの気持ちを伝えます。

言葉づかいは「伝言ゲーム」のように連鎖する！

介護施設のヘルパーステーションなどで、「〇〇（職員名）さん、△△（利用者）さんに、ご飯食べさせてきて！」といった会話をよく耳にします。

通常、このような会話は、上司から部下に、先輩から後輩への指示として伝えられます。このような指示を受けた職員は、「はい、食べさせてきます」と返事をして利用者の元に向かいます。

そうすると、「△△さん、ご飯食べる？」などと言ってしまうのは極めて当然の流れではないでしょうか。

このように、はじめに指示を出した人の言葉づかいが、「伝言ゲーム」のように次々と連鎖し、利用者に対する言葉にも表れてしまうことがあります。

このようなことを防ぐためには、利用者と職員との間の言葉づかいを改めるのと同

COLUMN

時に、入口である職員間での言葉づかいを改めることも必要です。はじめに指示を出す職員が、節度のある言葉づかいをすることで、最終的に利用者への言葉づかいを直すことができるのです。

例えば、先輩が「△△さんの食事の介助をお願いします」という指示を出せば、後輩は「はい、△△さんの食事の介助に行ってきます」と答えるでしょう。指示を受けた後輩は、介護職員としての自覚を持って利用者の食事の介助に向かいます。このような場合は、利用者に向かって「△△さん、食事の支度ができました」というような言葉で声かけができるのではないでしょうか？

はじめに指示を出す人が礼儀正しい言葉づかいで伝えることが重要なのです。

第2章

電話応対の基本を身につける

6

電話応対は「もう一つの事業所の顔」

電話応対は、「もう一つの事業所の顔」とも言えるもので、事業所のイメージが大きく変わります。このような自覚を持って応対することが必要です。

電話の特性を踏まえて応対する

電話では、相手の顔や表情が見えませんが、誠実かつ迅速に、相手の要望に応えることを心がけましょう。電話応対の主なポイントを挙げていきます。

❶声で印象や評価が決まる

相手の顔や表情が見えないので、会話が一方通行になりがちです。常に相手の状況や気持ちを考えて話しましょう。話すスピードも重要です。特に、高齢の利用者にかけるときは、普段の速度より「少しゆっくり」「やや高めのトーン」で話すと、相手が聞きやすくなります。

❷重要な内容は記録しておく

電話の会話内容は後に残らないので、重要な内容は、記録しておく必要があります。そのため、電話機のそばには、常にメモ用紙を用意し、重要なことは必ずメモを取るようにしましょう。

❸数字と語尾ははっきりと伝える

電話で、特に間違えやすいのが数字です。四は「シ」でなく「ヨン」、七は「シチ」ではなく「ナナ」など、わかりやすい読み方で伝えましょう。

また、語尾も同様にはっきりと発音しましょう。語尾がはっきりしないと、例えば「〇〇です」と言っているのか、「〇〇ですか？」と尋ねているのか、相手がうまく理解できないことがあります。

介護現場でよく受ける電話とは？

介護現場では、利用者や利用希望者およびその家族、利用者の介護プランをマネジメントするケアマネジャーなどからの電話がよくかかってきます。主な問い合わせ内容は次のようなものです。

利用者やその家族からの電話

- 利用日や利用時間の変更やキャンセルについて
- 職員に対する苦情
- 利用者の持ち物の紛失や置き忘れについて

ケアマネジャーからの電話

- 利用者の介護状況について
- 利用者に対するサービスの提供が可能か否かについて

- 事業所の基本情報や特徴について

利用希望者や家族からの電話

- 事業所の基本情報や特徴について
- パンフレットや料金表等の送付依頼
- 施設見学、試食の依頼について
- 空き室状況や料金について

特に問い合わせの多い、施設の基本情報や提供サービスの内容や特徴、料金などについては、わかりやすく説明できるように、日頃からトレーニングしておく必要があります。

間違い電話の対応も親切かつ丁寧に

NG

「○○ではございません」と伝えて、間違い電話を切る

間違い電話だとわかったとたんに「つっけんどん」な応対になる人がいます。しかし、それでは冷たい印象が持たれ、事業所のイメージも悪くなってしまいます。介護の基本は地域密着です。悪い評判は、すぐに周辺地域に広がりやすいことを忘れずに。

OK

「電話番号をご確認ください」と間違い電話であることを丁寧に伝える

忙しいときの間違い電話はイライラしますが、このような場合こそ、丁寧に応対をすることで「どのような場合でも親切な対応をしてくれる事業所」という印象を与えることができます。

7 利用者の家族から電話がかかってきたときの応対

電話応対は苦手な人が多いのですが、職場での電話応対には基本的なパターンがあります。基本を身につけて応対することで、相手に安心感や信頼感を与えます。ここでは、利用者の家族から電話を受けた場合の応対について、例を挙げてみましょう。

❶受話器を取る

ベルが鳴ったら、三コール以内に取るように心がけましょう。取るのが遅くなった場合は「大変お待たせいたしました」の一言を添えます。

❷筆記用具とメモ用紙を準備する

右利きであれば、左手に受話器、右手にペンを持ちます。

❸事業所名、職種、名前を名乗る

受け手「○○事業所、介護職員の鈴木でございます」

普段の話し方より、少しゆっくり、丁寧に、明るい声で、落ち着いて、ハッキリ話しましょう。

❹相手を確認する

相　手「利用者の山本八重の娘で、山本良子と申します」

受け手「山本良子様でいらっしゃいますね」

聞き間違いがないように注意して、メモをとり、復唱します。

相手の声が聞き取りにくい場合は、

受け手「失礼ですが、少しお電話が遠いようなのですが……」

相手の名前が聞き取れなかった場合は、

受け手「失礼ですが、もう一度お名前を伺えますか?」

or「申し訳ございませんが、もう一度お名前をお聞かせいただけませんか?」

などと述べ、再度確認します。

5 あいさつをする

相　手「いつもお世話になっております」

受け手「こちらこそ、いつもお世話になっております」

or「いつもご利用いただきまして、ありがとうございます」

6 用件を聞く

相　手「田中施設長はいらっしゃいますか？」

受け手「申し訳ございません。只今、施設長の田中は他の電話に出ております。終わり次第、こちらからお電話を差し上げましょうか？」

相　手「はい、お願いします」

5W1Hで要領よく的確に要点を聞き、メモをとります。電話番号、会社名、部署名、名前、住所、時間、場所等の事項は、必ず復唱します。

7 終わりのあいさつをする

受け手「介護職員の鈴木が承りました。お電話、ありがとうございました。失礼いたします」

最後は電話をかけてくれた相手への感謝の言葉で終わりましょう。相手が切るのを待ってから、静かに受話器を置きます。

相手の名前を確認するときの言葉

NG

電話をかけてきた相手の名前を確認するときに
「○○様でございますね」

「(で) ございます」を文末に付け加える表現は、丁寧語である「です・ます」のさらに丁重な言い方です。この言葉は、謙譲語と同様、基本的には自分側のことを述べる場合に使います。

OK

電話をかけてきた相手の名前を確認するときに
「○○様でいらっしゃいますね」

電話を掛けてきた相手の名前を確認する時は「(で) いらっしゃいますね」と、相手を立てる尊敬語である「いらっしゃる」を使います。よく間違える表現なので、違いをしっかり覚えましょう。

8

利用者の家族に電話をかけるときのポイント

相手に好感を与え、かつ丁寧でわかりやすい電話をかけるには、事前の準備が必要です。**「話す内容を整理しておく」「要点を箇条書きにする」「必要な資料をそろえておく」などしておくといいでしょう。**

また、かける際には、自分の周囲の音に気を配りましょう。ここでは、利用者の家族に連絡をする場合の応対について、取り上げていきます。

❶電話番号を間違えないように注意してかける

事前に相手の名刺やメモを準備して会社名、部署名、職種、氏名を確認します。

❷相手が出たら、自分の事業所名、職種、氏名を名乗る

相　手「山本でございます」
かけ手「○○事業所、介護職員の鈴木と申します。いつもお世話になっております」
相　手「○○事業所の鈴木さんですね！」

❸相手が担当者ではない場合は、取次ぎを頼む

かけ手「恐れ入りますが、山本良子様はいらっしゃいますか？」
相　手「代わりますので、少しお待ちください」

❹担当者が出たら、再び名乗り、相手の都合を聞く

相　手「はい、山本良子でございます」
かけ手「○○事業所の鈴木でございます。ただいま少し、お話をしてもよろしいでしょうか？」
相　手「はい、どうぞ」

⑤用件を伝える

かけ手「お母様の山本八重様の帽子について、お電話を差し上げました」

相　手「あ、そういえば母が帽子がないと探していました」

かけ手「私どものデイサービスでお預かりしております。職員の配慮が足りずに、ご心配をおかけして申し訳ございません」

相　手「わざわざご連絡ありがとうございます。明日、伺ったときに母に持たせてください」

かけ手「承知いたしました。こちらでお預かりして、明日お帰りの際に、お母様にお渡しいたします」

相　手「よろしくお願いします」

⑥終わりのあいさつをする

かけ手「それでは失礼いたします。ありがとうございました」

最後に感謝の気持ちを伝えます。電話はかけたほうが先に切るのが基本ですが、相手がお客様の場合は、相手が受話器を置くまで待ちましょう。

初めて自分の名前を伝えるときの言葉

NG

初めて電話で話す相手に自分の名前を伝えるときに「○○事業所の△△（名前）でございます」

「ございます」は「です」の丁重な言い方です。初めて電話で話す相手に名乗る場合は、「です」ではなく、「言う」の謙譲語である「申す」を使います。

OK

初めて電話で話す相手に自分の名前を伝えるときは「○○事業所の△△（名前）と申します」

「申します」という表現は、知らない相手に名乗る場合に使います。一方、すでに面識がある親しい人やよく電話をする相手に対しては、「ございます」を使います。まぎらわしい表現なので違いを覚えましょう。

9

正確で丁寧な電話取次ぎを覚える

ここでは、かかってきた電話を別の人に取り次ぐ際のポイントを見ていきましょう。

取り次ぐ相手（名指人）をきちんと確認して、応対をします。

❶名指人が在席の場合

相　手「田中施設長はいらっしゃいますか？」

受け手「ただ今、施設長の田中と代わりますので、少しお待ちください」

受話器を保留にして、名指人に相手の氏名と用件を伝えます。

❷名指人が不在の場合

相　手「田中施設長はいらっしゃいますか？」

受け手「申し訳ございません。只今、施設長の田中は、あいにく席をはずしております。二時間後に戻る予定ですが、いかがいたしましょうか？」

③担当者が休みの場合

相　手「田中施設長はいらっしゃいますか？」
受け手「申し訳ございません。施設長の田中は、本日休暇を取っておりますが、いかがいたしましょうか？」
or「申し訳ございません。施設長の田中は、本日休みを取っております。明日出社いたしますので、こちらからご連絡させていただきましょうか？」

④こちらから折り返し連絡する場合

相　手「田中施設長が戻られましたら、すぐに連絡を取りたいのですが」
受け手「承知いたしました。戻り次第、折り返しこちらからご連絡させていただきます。介護職員の鈴木が承りました」

折り返し連絡する場合は、相手の氏名、電話番号、都合のよい時間を確認します。

❺伝言がある場合

相　手「田中施設長に『五月一日、朝十時に母の相談のために施設に伺います』とお伝えいただけませんでしょうか？」

受け手「ご伝言を復唱させていただきます。五月一日、朝十時に山本様がお母様のご相談のために、私どもの施設にいらっしゃる。とのことでよろしいでしょうか？」

用件を聞き、依頼されたポイントを復唱して確認します。

相　手「はい、そのようにお伝えください」

受け手「施設長の田中が戻り次第申し伝えます。私、介護職員の鈴木が承りました。お電話ありがとうございます。失礼いたします」

取り次いだ自分の職種と名前を伝えます。伝言の要点をわかりやすくまとめたメモを名指人の机に置き、戻ったら、伝言があったことを伝えます。

■ 伝言メモの作成例 ■

伝言メモ	ポイント
田中施設長へ	名指人の名前／誰に？
日時：4月25日、午後2時	電話を受けた日時／いつ？
山本良子様より電話がありました。	電話をかけた人／誰から？ ※名字だけでなく下の名前や漢字も確認する
電話番号：03-1122-5544	相手の連絡先
要件：5月1日（火曜日）午前10時に、お母様の面会のために施設にいらっしゃるとのことです。	要件／何を？
受信者：鈴木（介護職員）	電話を受けた人／誰が？

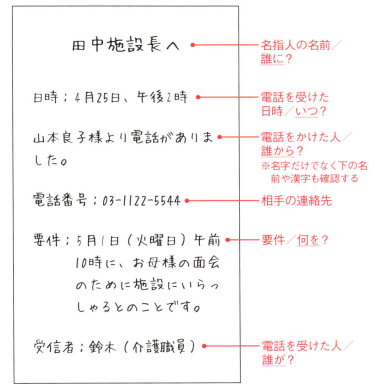

利用者の家族から伝言を依頼された場合の対応

NG

「△△施設長にお伝えします」

伝言を伝える先（相手）が利用者の場合であれば、相手を立てる敬語の「お伝えする」が適切ですが、伝える先が同じ事業所の職員である場合はそうではありません。

OK

「施設長の△△に申し伝えます」

伝言を伝える先（相手）が同じ事業所の職員の場合、伝える相手よりも、電話の相手を立てる必要があります。このような場合は、敬語の「申し伝えます」を使うのが適切です。

COLUMN

利用者への問い合わせの電話は注意が必要

介護事業者は個人情報取扱事業者として利用者や家族の個人情報やプライバシーを守る義務があります。もし、利用者やその家族の情報の不適切な取扱いにより、権利を侵害した場合には、民事責任を問われる可能性もあります。ですから、利用者への問い合わせの電話には注意が必要です。

私がある企業の介護事業本部に勤務していたときに、介護施設に入居しているAさんの友人を名乗るBさんから、問い合わせの電話を受けました。

BさんはAさんの古くからの友人で、久しぶりに名古屋から東京に出てきたのでAさんの家を訪ねたところ、玄関は鍵がかかっており、ドアホーンを何度鳴らしても応答がなかったそうです。一人暮らしのAさんのことが気にかかり、近所の人から介護施設に入居しているということを聞き、電話をかけてきたのです。

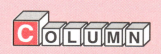

このような場合は、Aさんがいるかどうかを即答するのはよくありません。「私どもの施設にA様が入居なさっているかお調べいたします。A様が入居されている場合は、B様よりお電話があった旨をA様やご家族にお伝えいたします。そのうえでご本人かご家族からB様にご連絡をしていただきますので、お時間をいただけると幸いです」と伝えて、連絡先を聞きます。

もし、Bさんが「なぜ、すぐにいるかどうか教えてくれないのか?」とクレームを述べてきた場合は、利用者の個人情報とプライバシーにかかわることなので、ご本人とご家族の許可が必要な旨を伝え、理解をしてもらえるよう依頼します。

利用者や家族の中には、近所の方や友人に介護施設に入居していることを知られたくないという人もいます。利用者への問い合わせの電話には即答しないで、いったん預かり、利用者や家族の確認を取ったうえで、できれば利用者本人か家族から連絡をしてもらいましょう。

第3章

クレーム対応の基本を身につける

10
上手なクレーム対応はピンチをチャンスに変える

皆さんは、「グッドマンの法則」というものを知っていますか？　これは、苦情処理と再購入決定率の相関関係および口コミの波及効果をまとめたものです。内容を簡単に説明すると次のようになります。

- お客様の苦情に速やかに対応し、その結果に満足した場合は、そのお客様はリピーターになる可能性が高い
- 苦情処理に満足したお客様は、好意的な口コミを四人から五人に伝える。一方、不満を抱いたお客様は、非好意的な口コミを九人から十人に伝える

この法則から学べることの一つは、**上手な苦情処理が事業所のよい評判となり、利**

■苦情とクレームの違い■

苦情

提供サービスや職員に対する不満を
他者に訴え、改善を要求する

クレーム

ケガや被害を被ったことに対して
代償や保証を要求する

↓

近年は苦情処理も含めてクレーム対応と考える！

用者の確保やサービスの継続につながるということです。

一方で、苦情処理に対して不満を抱いたお客様の非好意的な口コミは、満足したお客様の好意的な口コミの約二倍の人に影響を与える可能性があります。

近年ではインターネットやＳＮＳの普及に伴い、このような口コミ影響力はさらに増大しています。

クレームの原因を探る

「苦情」とは、提供サービスや職員に対して不満を抱き、その不満を他者に訴え、改善を要求することです。それに対して「クレーム」とは、ケガや被害を被ったことに対して、代償や保証を要求することです。

近年は、苦情処理も含めてクレーム対応と考えるようになっています。**クレームになるということは、利用者や家族が期待したサービスを受けられなかったために、納得できないと思っているということが原因として考えられます**。つまり、大きい小さいはあっても、利用者や家族は「怒り」に近い感情を持っているのです。自分に落ち度がないかどうかは関係ありません。

未解決の「怒り」は継続します。怒っている利用者や家族の感情を少しでも和らげるためにも、迅速で誠意ある対応が解決のポイントです。

また、**施設の対応に問題はなくても、利用者や家族の勘違いや思い込みが原因のクレームもあります**。職員にとっては納得できないもののように感じますが、自分たちの説明不足が原因になっていると受け止めて、利用者や家族に恥をかかせないようにする心づかいも必要です。

金銭的な賠償が必要な場合は、保険者（行政）や保険会社と相談しながら、処理を進めましょう。

クレームには利点もある

クレームというとマイナスイメージが強いのですが、多くの利点もあります。もし受けてしまったらマイナスをプラスに変える気持ちで、対応に臨みましょう。

❶利用者や家族のニーズを知ることができる

クレームは、相手が期待以上のサービスを受けられなかったときに発生します。つまり、クレームを通じて、「利用者や家族が期待するサービスとは、どのようなものなのか?」ということ、すなわち利用者や家族のニーズを知ることができます。

❷上手なクレーム対応で信頼関係を築く

利用者や家族が満足できるような形でクレームを解決できれば、利用者や家族と信頼関係を築くことができます。先ほどの「グッドマンの法則」でも、クレーム対応に満足したお客様の多くがリピーターになるという結果が出ています。

❸職員に必要なスキルを知ることができる

クレームを通じて、利用者や家族が満足できなかったサービスとはどのようなものなのか、そのときの職員の対応はどのようなものだったのかを記録して分析することで、職員に欠けているスキルがわかります。

このスキルをトレーニングして身につけることで、次回から同じようなクレームの発生を防ぐことができます。

利用者の名前の呼び方

NG

利用者の希望通り、いつでもどこでも、「○○ちゃん」と下の名前で呼んでいる

たとえ利用者の希望だとしても、家族や他の利用者の前で利用者を「ちゃん」づけで呼ぶのは避けましょう。もし呼ぶ場合は、利用者と二人だけになれる場所と時間を選びましょう。

OK

利用者の名前を呼ぶときは「○○様」「○○さん」と名字で呼ぶ

介護職員が親の名前を「ちゃん」づけで呼んでいる様子を見ると、複雑な思いになる家族の方もいます。また、特定の利用者に対してなれなれしい態度で接している介護職員を見ると、他の利用者が「差別されているようで不愉快だ」と思うこともあります。クレームを出さない努力も大切です。

11

クレーム対応のポイント

利用者や家族からクレームが出ないようにするには、日頃から、利用者に対して礼儀正しい態度や言葉づかいを心がけることが大切です。**利用者が日頃の職員の態度や言葉づかいに対して不快を感じていると、職員のふとした不適切な行為を理由に「怒り」を爆発させることになりかねません**。

ただし、実際にクレームを受けてしまい、不満や不快な感情を抱いている利用者や家族と接するときは、職員は丁寧で誠意ある態度で対応することが必要です。クレーム対応は利用者や家族と信頼関係を築くチャンスでもあります。ポイントをまとめると次のようになります。

❶クレーム対応時に相手が求めていることを理解する

・心のこもったお詫びの言葉がほしい
・誠意のある態度で接してほしい
・要求した内容について、すぐに実行してほしい
・自分の気持ちをわかってほしい
・原因や理由について説明してほしい
・事業所としての今後の対応や姿勢を説明してほしい　など

❷クレーム対応時に職員が気をつけたいこと

・他人の目に触れない場所を用意する
・相手のクレームに言葉をはさまず、注意深く、真摯な態度で傾聴する
・組織の代表であるという意識を持ち、個人的な感情をはさまない
・相手の不快な感情を受容して、共感していることを言葉や態度で伝える

❸ クレーム対応時に嫌われる職員の態度

- 上から目線の態度や言葉づかいをする
- 他人の責任にして、相手や周りの人を非難する
- 相手に対して反論する
- 自分を守るために言い訳をする

ロールプレイで対応もうまくなる

私は、福祉施設や協議会などで「クレーム対応研修」の講師を務めさせていただくことがよくあります。このような研修では、クレーム対応についての知識を伝えるだけではなく、必ずロールプレイを実施するようにしています。

参加者の方からは、ロールプレイを通じてクレーム対応を疑似体験することで「苦情やクレームの申出人の気持ちが理解できた」「他の職員の対応を見ることができ、たいへん参考になった」「クレーム対応への恐怖心がなくなり、自信が持てるようになった」などの感想をいただいております。

このような体験を通じて新しく気づくことも数多くあります。

次項から、具体的なステップについて解説していきます。ぜひ、あなたの事業所でもロールプレイを取り入れた勉強会を開催されることをお勧めします。

クレームを受けたときの職員の態度

NG

〝頼んだことを、職員がすぐにやってくれない〟との利用者のクレームに

「人手が足りてないので、ごめんなさい」

「私のせいではなく、事業所に責任がある」という態度は、組織に対する不信感を生みます。また、職員の丁寧ではない言葉づかい、言い訳は相手を不快にさせます。

OK

〝頼んだことを、職員がすぐにやってくれない〟との利用者のクレームに

「ご不便をおかけして、申し訳ございません」

たとえ自分の行為が原因ではない場合でも、組織の代表としての自覚を持ち、職員が誠実で丁寧な対応をすることで、信頼感が高まります。

12 上手なクレーム対応のステップ

クレーム対応のポイントは、きちんとした手順を踏んでいくことです。クレームを受けたときに慌てて対応してしまうと、問題がより深刻になってしまうこともあります。五つのステップに分けて見ていきましょう。

ステップ1　たとえ自分が原因でなくとも誠実に対応する

たとえ自分のしたことが原因ではない場合でも、クレーム対応をするときは、事業所の代表であるという意識を持ち、個人的な感情をはさまないで、誠実で丁寧な対応を心がけましょう。

「私は担当者ではない」「私がしたわけではない」と相手に伝えることは、組織に対する不信感や不快感を生みます。最初に対応する人の言動が、次の展開に大きく影響

■限定的謝罪と全面的謝罪■

限定的謝罪

ある事情に限定してお詫びをすること。その後に「どのようなことがございましたでしょうか？」とクレームの内容を尋ねる

全面的謝罪

「まったくその通りです。申し訳ありません」などと、こちらにすべての非があると認めて謝罪すること

するのです。例を挙げてみましょう。

利用者「食事に髪の毛が入っていた」

担当者　×「それは厨房のせいです！」

×「あ〜、そうですか」（他人事のような受け応え）

⇒このような対応は、組織に対する不信感や不快感につながります。まずは、次のような対応をすべきです。

○「ご迷惑をおかけして、申し訳ございません」

ステップ2　はじめは相手を不快にさせたことに限定して謝罪する

利用者や家族を不快な気持ちにさせてしまったことに対して、真摯な態度でお詫びをします。ただ謝るの

限定的謝罪をする際の言葉の例

せっかく私どものサービスをご利用いただきましたのに、
「ご不快な気持ちにさせてしまい、たいへん申し訳ございません」
「ご期待に沿えることができずに、申し訳ございません」

私どもの説明が十分でないために、
「ご不便をおかけして、誠に申し訳ございません」
「お手数をおかけして、申し訳ございません」

ではなく、相手の不快な気持ちを受容して共感し「担当者として、適切に対応したい」という自分の気持ちを伝えましょう。

「申し訳ございません」を繰り返すのではなく、相手の「不快」「不便」「期待に添えなかったこと」に対して謝罪します。相手をこれ以上怒らせないためにも、丁寧な言葉づかいや態度で接することが重要です

クレームを受けたときは、まずはこのような「**限定的謝罪**」からスタートし、利用者や家族を不快な気持ちにさせてしまったことに対して、お詫びをします。その後クレームの中身について、相手の話をしっかり聞きます。

いきなり、相手の主張をすべて認める「**全面的謝罪**」はしないように注意しましょう。すべての責任がこちらにあると受け取られてしまいます。次のように対応するのが基本です。

家族「父が施設の職員の言葉づかいや態度が悪いと怒っています」
職員「せっかく私どものサービスをご利用いただきましたのに、お父様をご不快な気持ちにさせてしまい、たいへん申し訳ございません」

このような、限定的謝罪をした後に、クレームの具体的な中身を尋ねます。

職員「ところで、どのようなことがあったのでしょうか？」

限定的謝罪を表す「お詫びの言葉」は、何度も繰り返し、言い慣れることが大切です。また、適度な抑揚をつけると表情もついてきます。

ステップ3　相手の気持ちを受け止める

クレームの中身について、口をはさまず、相手の話を最後まで聞きます。相手の立場や心情を受容し、相手の気持ちに共感して「なんとかしたい」という気持ちを伝えることで、相手の気持ちを静めることができます。

相手の訴えに「あいづち」をうちながら、否定したり、反論しないで、受容的な態度で話を聞きます。そうすることで、「この人ならわかってくれる」「この人なら自分を理解してくれる」という気持ちになり、先方も安心します。

ステップ4 事実確認と要望確認

クレームの中身について、質問をしながら、事実確認をし、同時に**どのような対応をしてほしいのか、要望の確認もします**。

「どのようなことがあったのでしょうか？」「今後、同じことが起こらないように職員を教育するために、メモを取らせていただいてもよろしいでしょうか？」などと断り、メモを取りながら、5W1H（いつ、どこで、誰が、何を、なぜ、どのように）を基本に尋ねます。

相手の言葉を確認するには、適宜復唱しながら進めましょう。事実確認時の注意点は次のようになります。メモは、整理したうえで記録として残します。

❶クレーム内容の種類の把握

- 提供しているサービスについて（食事の味つけ、送迎や訪問の時間など）
- 職員の対応について（言葉づかい、態度、あいさつ、身だしなみ、介護技術など）
- 利用者や家族の勘違いや思い込み

❷被害が出ているのか？　加害者がいるのか？

- 事実確認をするための目撃者が存在するのか？　目撃者は誰なのか？（目撃者がいる場合は氏名を把握する）
- 加害者がいる場合は、加害者は被害者にどのような対応をしたのか？

❸クレームの情報がどこまで広がっているのか？

- 申出人がすでに誰かに相談しているのか？　その場合、誰に相談したのか？

❹どのような要望があるのか？

- 話を聞いてほしいのか？

・解決策を提示してほしいのか？
・調査して事実を確認してほしいのか？
・加害者に対応を改めてほしいのか？　など

ステップ5　解決策を伝える

相手の話をすべて聞いた後、事業所としての再発防止のための解決策を伝えます。相手の要望に沿った解決策を提示することで信頼感が深まります。

誰しもクレームを出した後は多少の嫌悪感が残ります。**相手への感謝を口にすることで、「次からもサービスを受けたい」と思ってもらいやすくなります**。そうすることで、クレームを出したお客様から、アドバイスをくれたお客様に変えることもできます。最後は次のような感謝の言葉で終わりましょう。

「ご指摘、ありがとうございました。今後、同じことが起こらないよう、職員の教育を徹底いたします」

お詫びの言葉のスタートは限定的な謝罪から

NG

「おっしゃる通りです。たいへん申し訳ございません」

クレームの中身を確認する前に全面的な謝罪をしてはいけません。「すべて私どもの責任です」という姿勢を相手に伝えてしまいます。

OK

「ご不快な気持ちにさせてしまい、申し訳ございません」
「ご不便をおかけして、申し訳ございません」
「ご期待に沿えることができず、申し訳ございません」

利用者や家族からクレームを言われたときは、はじめは相手が不快な気持ちになったことや、不便を感じたこと、期待に沿えなかったことに限定して謝罪をします。

13 クレームの背景を考える

介護現場では、不安や不満といったネガティブな感情が、どうしても利用者の心に溜まりがちです。ネガティブな感情が多く溜まると、満杯のコップから水があふれるように、心のコップから「怒り」があふれ出ます。

そのためクレームを受けたときに、**相手がクレームの背後で「何に対して怒っているのか?」を知り、原因を解決するための言葉が必要です**。

ただ「申し訳ございません」を繰り返すのではなく、相手の気持ちを受け止めた言葉を使いましょう。

例えば、利用者から「ナースコールを何度押しても来てくれない」というクレームを受けたとします。この利用者がこのようなクレームを出した背後には、「もっと私

■共感の言葉の使い方■

相手が「腹が立った」と言ってきたら……

対応方法	あなた
相手の言葉を繰り返す	「腹が立ったのですね」 「腹が立たれたのですね」
受け止める	「○○様のお気持ちよくわかります」 「そのようなことがあったのですね」
ねぎらう	「教えていただき、ありがとうございます」 「たいへんな思いをされたのですね」 「不快なお気持ちになられますよね」 「それはお困りでしたね」

を大切にしてほしい。もっと自分に関心を示してほしい」という思いがあるのかもしれません。

クレームの理由がわかれば、ただ謝罪するだけでなく、「不安な思いをなさったのですね。次はすぐに参りますので、ご安心ください」といった、利用者の思いをくみ取った言葉をかけることができます。

共感の言葉を伝えながら話を聞く

介護の現場では、こちらに非がない対応をしても、クレームを受けることがよくあります。特に理性的な対応が困難な場合の多い認知症の利用者からのクレームは、相手の気持ちに寄り添いながら、反論しないで、共感の言葉を伝えながら傾聴することが大切です。

例えば入居施設では、自分が置いた持ち物の場所を覚えていない認知症の利用者が、「施設の職員や他の利用者が盗んだ」というクレームを述べることもあります。このような場合の対応を考えてみましょう。

利用者「たいへん、たいへんよ！」
職　員「どうなさいましたか？」
利用者「机の上に置いた鞄がなくなっている」
職　員「それはたいへんですね。○○様（利用者名）のご心配なお気持ちよくわかります」
利用者「今日、出かけるので、忘れないように机の上に出しておいたのに……」
職　員「大切な鞄だったのですね」
利用者「きっと、誰かに盗まれたのよ」
職　員「誰かが盗んだと思われるのですね」
利用者「そうに決まっているわ」
職　員「まず、私と一緒に探してみましょう」

このように伝えて、利用者と一緒に居室内を探してみましょう。そのとき、利用者が普段から鞄を置いているような場所を中心に探してみます。

そこで職員が先に見つけた場合、職員が利用者に鞄を渡すよりも、鞄のある方向を示しながら、利用者に「ここを探してみましょう」と伝えて、利用者自身に見つけてもらうのがいいと思います。

利用者が見つけたときは、「よかったですね」と一緒になって喜ぶことで、「嬉しい気持ち」を二人で共有することができます。信頼関係が深まり、利用者の自信にもつながります。

一緒に探しても見つからないような場合は、「探すのが上手な職員がいますので、もう一度、その職員と一緒に探してはいかがですか」と伝えて、クレーム処理責任者や生活相談委員に引き続ぐのも、一つの方法です。

相手の勘違いが原因のクレームへの対応

NG

送迎車内で失禁した利用者の家族にクレームを言われ、「出発前に何度もトイレにお誘いしたのに、ご本人が必要ないと拒否されました」

利用者や家族の勘違いと思いこみが原因のクレームは、職員にとっては納得できないものですが、そのような場合でも利用者を非難するような言い方は避けましょう。

OK

送迎車内で失禁した利用者の家族にクレームを言われ、「○○(利用者名)様が、大変不快な思いをされたことをお詫びいたします」

まずは、利用者や家族を不快な気持ちにさせてしまったことについて謝罪した後に、原因になった事実を優しい言葉で伝えましょう。そして、「今後は、出発前に上手にお声かけして、トイレ誘導をさせていただきます」と解決策を伝えます。

14

クレームをなくすしくみをつくる

組織としてクレームをできるだけ少なくしていくためには、**クレーム処理をその場限りの解決に終わらせないでマニュアル化するしくみをつくることが大切です**。マニュアルを職員全員が共有することにより、クレームの数を減らしていくことができます。

そのためには、「クレームがあったらすぐに上司に報告する」「クレーム報告書を作成し、スタッフミーティングなどのときに報告して、職員全員に伝える」などの情報共有が必要です。

組織でクレームをなくすしくみをつくるポイント

❶クレーム処理を担当する「クレーム処理責任者」を決める

クレームの処理を担当する**クレーム処理責任者**を、事業所で一人以上決めておきましょう。

クレームの処理は、はじめに受けた職員が最後まで解決することがベストですが、その職員が解決できなかった場合は、クレーム処理責任者が解決まで対応するようにします。

なお、クレーム処理責任者はリーダー以上の人を選ぶのが望ましいでしょう。**クレームの申出人は、前に対応した職員より上位者が出てくることで「自分が大切にされている」という満足感を持つ**からです。

❷初期対応をする職員の心得

はじめにクレームを受けた職員は、申出人の話を聞くとき、内容について5W1H

を活用して事実確認と要望確認を正確に行い、必ずメモを取ります。小さなことでも記録しておきましょう。内容を確認するには、相手の言葉を復唱しながら話を進めることも大切です。

そのメモを整理して「**クレーム処理報告書**」を作成して、速やかにクレーム処理責任者に報告します。

❸クレーム処理責任者の心得

クレームを申し出た利用者や家族に対して、クレーム処理責任者が解決まで責任を持って対応することを伝えます。また、自分の氏名、役職、連絡先、解決の方法について説明します。

❹クレーム処理報告書をしっかり読む

クレーム処理責任者は、対応に臨む前に、最初にクレームを受けた人が作成したクレーム処理報告書をしっかり読んで、解決方法を考えておきます。

■クレーム処理報告書の作成例■

クレーム処理報告書	
受付日時	2018年4月25日　午前9時30分頃
苦情クレームの申出者	**氏名：**山本良子／長女　**利用者名：**山本八重 **連絡先：**〒000-0000　○○県○○市○○町○○ **電話番号：**△△-△△△△-△△△△ **メールアドレス：**□□□□□jp.com
苦情クレームの内容	**事実確認事項：** 山本良子様より次のような電話を受けました。 お母様の八重様が、職員の吉田二郎の自分に対する上から目線の態度やなれなれしい言葉づかいが不快で、もうデイサービスに行きたくないと言って困っているので改善してほしい。 **要望確認事項：** 介護職員の吉田二郎が、母に対して礼儀正しい態度や言葉づかいで接してくれるように指導してほしい。 **解決策の提示内容：** ご不快な気持ちにさせてしまったことを謝罪して、電話の内容をクレーム処理責任者の佐藤花子に伝えました。本日の午後5時までにこちらからご連絡差し上げます、とも連絡してあります。
報告者	**氏名：**鈴木太郎　**所属：**○○デイサービス　介護職員
報告日時	2018年4月25日　午前10時10分頃
対応の進捗	**2回目：**4月25日午後2時頃／佐藤花子（クレーム処理責任者） 電話の内容について、施設長が吉田二郎に確認した結果、吉田本人も今までの自分の失礼な言動を認めて反省しました。その後、山本良子様に電話をして、明日26日午前10時に、職員の吉田を同行してご自宅にお詫びに伺うことをご了承いただきました。 **3回目：**4月26日午前10時頃／佐藤花子（クレーム処理責任者） 私が職員の吉田二郎を同行してお詫びに伺いました。昨日（25日）施設長が吉田を指導したこと、吉田本人も今までの自分の言動を反省しており、今後、八重様に対して礼儀正しい態度や言葉づかいで接することを伝えて、八重様ご本人にお詫びをし、八重様からお許しの言葉をいただきました。また、良子様にもご了承をいただき、デイサービスの利用を継続するとの言葉をいただきました。
終了確認	2018年4月26日　　佐藤花子（クレーム処理責任者）

❺話し合いの場を設ける

クレーム処理責任者と申出人による話し合いの場を設けます。苦情の内容を申出人以外の人に見聞きされないように、個室などの、周りから遮断された場所で対応するようにします。

❻重大な内容の場合の対応

重大な苦情やクレームを受けるときは二人以上で対応します。「話を聞く人」と「記録を取る人」に分ける、などとして対応することもできるでしょう。二人で対応していれば、申出人が怒り出したときは、一人がいったん下がってお茶を出すなど、空気を和らげ

る演出をすることもできます。

❼解決までの時間の把握

苦情やクレームの内容や相手の状況を考慮して、解決までにどのくらい時間をかけることができるのか、時間的な余裕を把握します。

❽理性的な解決が困難な場合の対応

認知症の利用者によるクレームなどは、事実確認が困難な場合もあります。このようなときは、利用者が「自分の話を聞いてもらった」という満足感が持てるような、受容的態度でしっかり傾聴します。

❾金銭的な賠償が必要な場合の対応

金銭的な賠償が必要な場合は、保険者（行政）や保険会社と相談しながら、解決方法を考えましょう。

⑩クレームの種類や解決方法をまとめる

定期的にクレームの報告会を開催し、同じクレームを出さないために、種類別の解決方法のマニュアルを作成し、組織としての対応力を高めます。

クレーム処理責任者が中心となって、他の責任者や職員の代表と一緒に、クレームの処理に対応する委員会を結成してもいいでしょう。

クレームをなくすしくみづくり

NG

クレームの処理を最後まで責任を持って行い、クレーム処理報告書を作成して仕事を終えた

最後まで責任を持って解決することは大切ですが、クレーム処理報告書を作成して終了してしまっては、情報共有できず、組織的な対応力の向上にはつながりません。

OK

クレームの処理を報告する委員会を結成して、クレームの報告会を開催し、対応力を高めた

同じクレームを出さないために、報告書を元に種類別の解決方法のマニュアルを作成したり、クレームの処理を報告する委員会を結成することで、組織としての対応力を高めることができます。

「限定謝罪」が早期解決につながった事例

私が講師をつとめた「クレーム対応研修」に参加された介護職員の方から聞いた話を紹介します。

利用者から「担当者の言葉づかいや態度が悪い」という理由で担当者の変更となり、その方が前任者と一緒に利用者宅にあいさつに伺った際のことです。

利用者は玄関で「あなたの顔など二度と見たくない」と前任者を怒鳴りつけました。前任者はただ黙って下を向いていただけだったので、どうすればよいのか困ってしまいました。

そのとき、以前クレーム対応研修で学んだ「はじめは限定的謝罪から」という言葉を思い出して、とっさに「ご不快な気持ちにさせてしまい、たいへん申し訳ございません」と丁寧に謝りました。

COLUMN

そうすると利用者が前任者を帰らせる一方で、「あなたは残ってちょうだい」と家に上げてくれたのです。

その後も丁寧な対応を心がけることで、この利用者様とは信頼関係がさらに深まったそうです。後日、この利用者様より「初めて会ったときは怒鳴ってしまいごめんなさい。でも、あなたがすぐに謝ってくれたので怒りが収まった。その後も丁寧な対応をしてくれて、ありがとう」とお礼の言葉ももらいました。

クレーム対応は「初期対応が決め手」です。まずは、限定的謝罪をすることを忘れないようにしましょう。

第4章

あなたの第一印象を決める表情や態度、語調

15

表情がその人の第一印象を決める

第一印象は介護の仕事ではたいへん重要です。第一印象が悪いと利用者と信頼関係を築くのに時間がかかります。利用者と信頼関係を築くことができなければ、スムーズな介助が困難になってしまう可能性もあります。

特に、入浴介助や排泄介助などは、介護者を信頼できなければ、利用者は、介助を受けることに対して苦痛を感じるかもしれません。**表情によって利用者にはじめから悪い印象を与えてしまうと、その後の介護がスムーズに進まなくなってしまいかねないのです。**

■好感度の高い表情とは■

支援が必要なとき、あなたなら、
どんな顔をしている人に声をかけますか？

笑顔は「あなたを受け入れます」というメッセージ

利用者は介護職員の表情や態度からさまざまなメッセージを読み取ります。常に穏やかな笑顔で接することで、利用者に安心感や信頼感を与えることができます。

また、笑顔によって場がなごんだり、癒されたり、打ち解けた雰囲気になったりしますし、不快な気持ちを洗い流すこともできます。

もし、介護職員が疲れた顔で介護をしていたとしたら、利用者は介護サービスを受けるのを「楽しい」と感じるでしょうか？　それればかりか、自分たちへの介護が負担で職員が疲れてしまっているのではないかと、利用者に気をつかわせてしまうことにもなりかねません。

「利用者は介護者の鏡」という言葉があります。**あなたが笑顔で利用者に接すれば、利用者も自然と笑顔になるでしょう。**

温かい心を伝える笑顔のポイントは、次の通りです。介護のプロとして、笑顔で利用者に接することを心がけましょう。

好感度の高い笑顔のポイント

❶相手の目を見る

アイコンタクトをとることで、相手に対して承認のサインを送ることができます。

❷目尻が下がっている

目尻が上がっていると怒っているような感じを与えてしまいます。

❸口の両端（口角）が上がっている

「ウイスキー」と言ったときの「イー」の口元です。

❹相手への気持ちを込める

つくり笑顔ではなく、あなたの好意を利用者に伝える気持ちを込めましょう。

利用者が声をかけやすい表情は？

NG

いつも他の利用者の介護や職員とのやりとりで忙しく、疲れた表情をしている

介護の仕事では、目の前の業務をこなすだけで精一杯になってしまい、笑顔になれない場合も多くあります。でも、利用者はそのような様子の介護職員に対しては声をかけづらくなってしまいます。

OK

忙しいときでも、笑顔で対応してくれて、利用者の前では疲れた表情を見せない

穏やかな笑顔は「あなたを受け入れます」というメッセージです。いつも笑顔で接することで、利用者に安心感や信頼感を与えることができ、支援が必要な場合も利用者が声をかけやすくなります。

16 アイコンタクトと口元の重要性

アイコンタクトとは、相手と視線を合わせることです。アイコンタクトをとることで、相手に対して承認のサインを送ることができます。

昔から「目は口ほどにものを言う」とか「目は心の窓」などと言われます。視線を合わせながら、自分の話を聞いてくれる相手に対しては、「大事にされている」という気持ちを持ちやすく、信頼感も高まります。

ただし、視線が合う時間が長すぎると、相手は自分の心の中まで見られているような感じがして不安になり「敵意や挑発のサイン」と受け取られる可能性もあります。

そこで、**話しはじめと、重要なポイントではしっかりとアイコンタクトをとり、それ以外のときは目から胸元の間を見るのがよいでしょう**。

■相手と話をするときの視線の範囲■

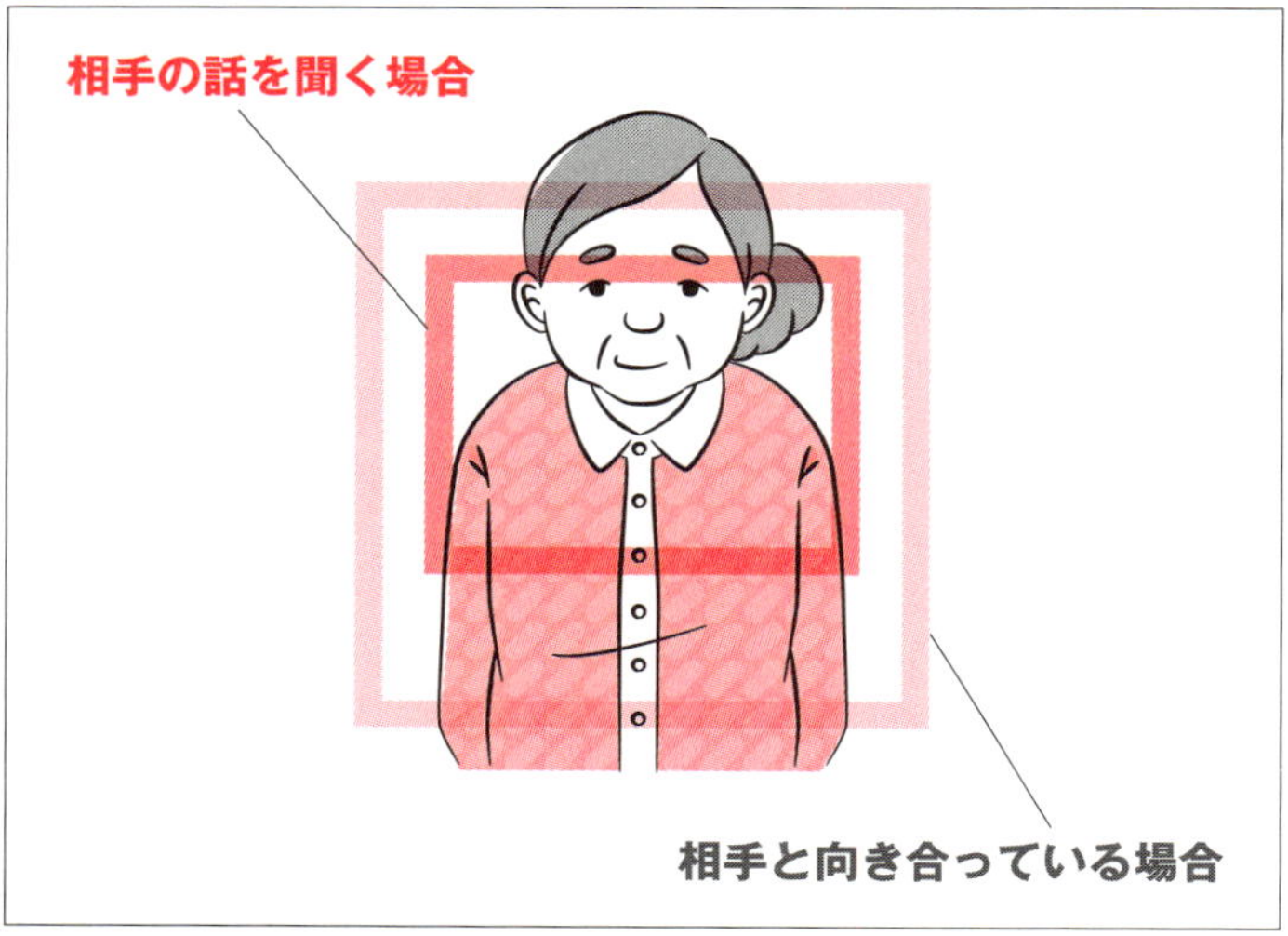

アイコンタクトで利用者の気持ちや体調を読み取る

また、介護の仕事では、**アイコンタクトや声かけをするときに利用者の表情や様子、反応を観察することで、そのときの利用者の気持ちや体調を推察できます**。

相手と話をするときの視線の範囲は、上は目の高さ、下は胸の高さ、両側は肩の線を基準として四角形を想定します。

ただし、相手と話をしないで向かい合っているときは、この四角形をやや拡大させます。上下は額から腰のあたりまで、左右は両肩の少し外側までとします。この範囲を外れると、相手からは目をそらしたと思われる可能性があります。

声かけや動作の前後には笑顔とアイコンタクトを

声かけや動作の前後には、必ず「笑顔とアイコンタクト」を添えましょう。これが、「好感度の高い事業所」をつくる第一歩です。わかっていても「目の前の仕事に追われて」ついつい忘れてしまいがちですが、しっかり身につけましょう。意識すればできないことではありません。

ただし、**マスクをつけていると、その人の口元が見えず、笑顔などの表情もわからなくなってしまいます**。マスクをする必要ない場合は、極力マスクをとって利用者と会話をするようにしましょう。

介護現場でのマスクの使い方

NG
常にマスクを着用して業務をしている

笑顔は口元がポイントです。介護の仕事では、感染症の予防などにマスクの着用が必要な場合が多くあります。しかし、マスクを着用していると最大のチャームポイントである口元が見えなくなって、好感度が下がってしまいます。

OK
マスクが不要な場合は、着用しないで口元の表情を見せる

マスクを必要としない場合は、マスクを着用せずチャームポイントである口元を見せると、利用者の好感度が上がります。特に初対面の場合は、マスクをとってあいさつをすることで、第一印象を良くすることができます。

17 あなたの気持ちは態度に表れる

態度とは、姿勢や行動などの立ち居振る舞いのことです。

あなたの態度はいつも周りから見られていますし、またあなたの気持ちは自然に態度に表れます。

日頃の立ち居振る舞いなどの何気ない行動は、仕事への意欲や熱意を表します。相手に誤解されない行動をすることが大切です。

オープンポジションとクローズポジション

「**オープンポジション**」（開かれた態度）とは、相手が受け入れてもらっていると感じやすい態度です。正面を向いて、両足を開き、背筋を伸ばし、手の平を上に向けた姿勢です。

一方、「**クローズポジション**」（閉ざされた態度）とは、相手を拒絶する印象を与えやすい態度です。腕や足を組んだり、横を向いたり、椅子の背もたれに寄りかかって腰かけているような姿勢です。何気なく腕や足を組む人がいますが、自分はその気はなくとも、相手には高圧的な雰囲気を与えてしまうので、注意しましょう。

■オープンポジション■

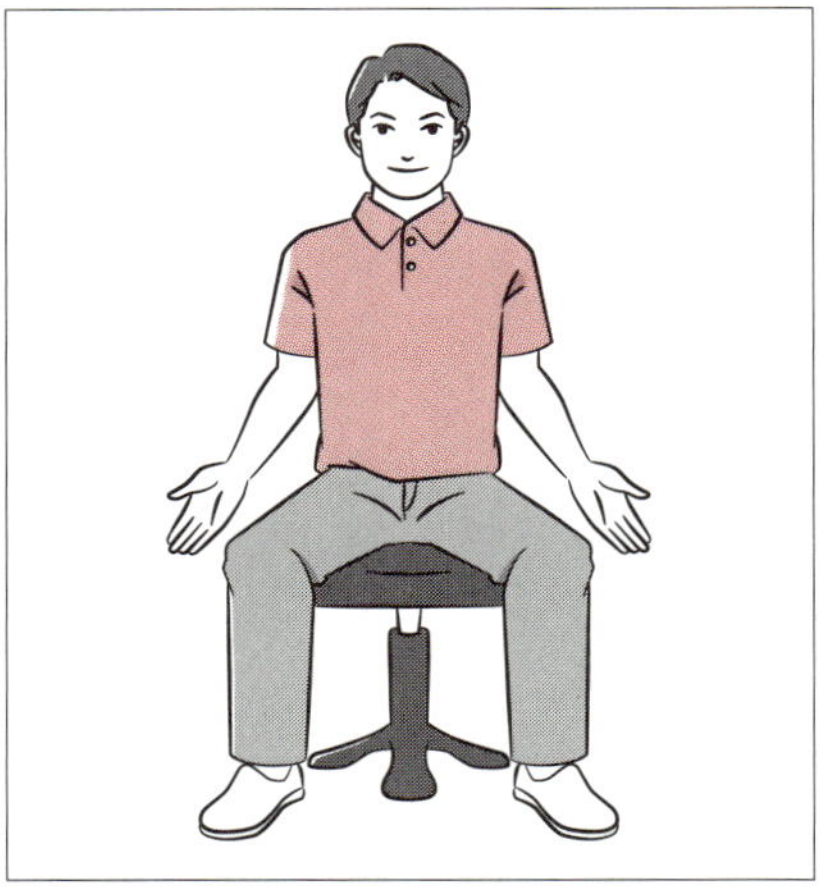

■クローズポジション■

すべての動作の基本になる姿勢を整える

すべての動作の基本は、立った姿勢と座った姿勢に表れます。まずはこの姿勢をしっかりと身につけましょう。以下、ポイントを挙げていきます。

立った姿勢

・背筋をまっすぐに伸ばし、肩の力を抜いて足を揃えて立ちます。
・あごは上がったり下がったりしないように、視線はまっすぐ前方に向けます。
・下腹を突き出さないように注意します。
・手は、身体の脇に自然におろして、指を伸ばして少し丸みを持

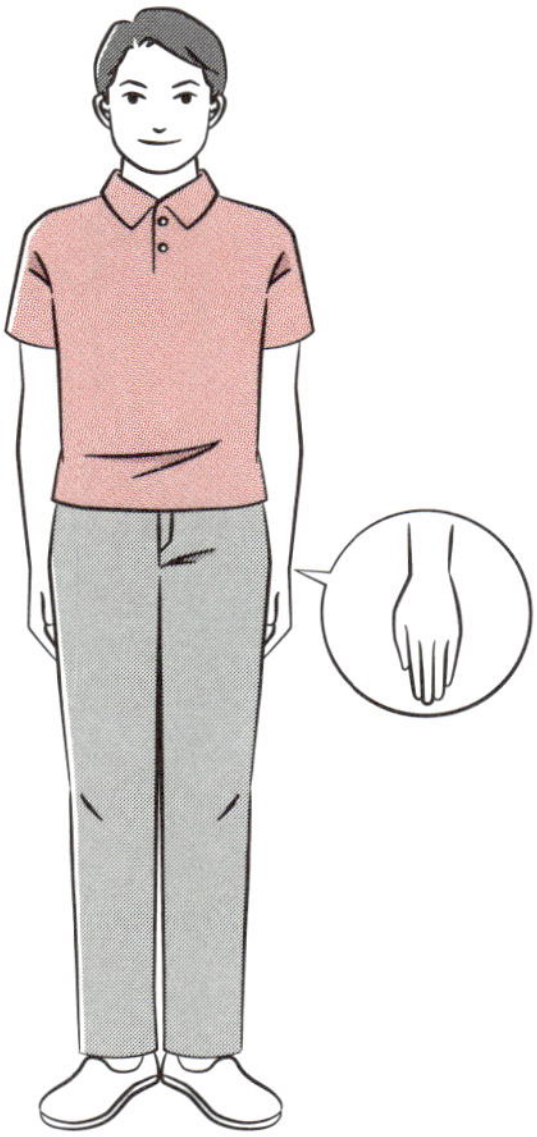

たせてそろえるか、前で組みます。

- つま先とかかとをそろえて立つのが基本ですが、靴を履いている場合は、かかとをつけて、つま先を少し開いて立つと安定します。
- 背筋は伸ばすべきですが、そうとすると、あごが出やすいので注意しましょう。また、肩や首に余分な力が入ると硬い印象を与えます。
- 手の指の間が開いていると、だらしなく見えます。親指と小指で他の指をやや締めつけるようにして、形を整えましょう。

座った姿勢（椅子に腰かけたときの姿勢）

- 背筋を伸ばし肩の力を抜き、ゆったりと座ります。
- やや浅く腰かけ、背もたれに寄りかからないようにしましょう。
- 女性は、両ひざを合わせて、足をそろえて腰かけます。
- 男性は、膝頭《ひざがしら》を握りこぶし一つほど開けて腰かけます。
- 手は、腕の肘《ひじ》を張らず、すぼめず、指をそろえて腿《もも》の上に「八」の字に置くか、前で組みます椅子にやや浅く腰かけることにより、背筋に適度な刺激が伝えられ、集中力を高めることができます。立ったり座ったりする動作もスムーズに行うことができます。

また、椅子に腰かけたときに膝が大きく開いている姿勢は、慎みがなく尊大な印象を与えます。女性は足のつま先が開いていると膝が開いてしまうので、つま先をつけて、かかとを少し開くようにすると膝が開きません。

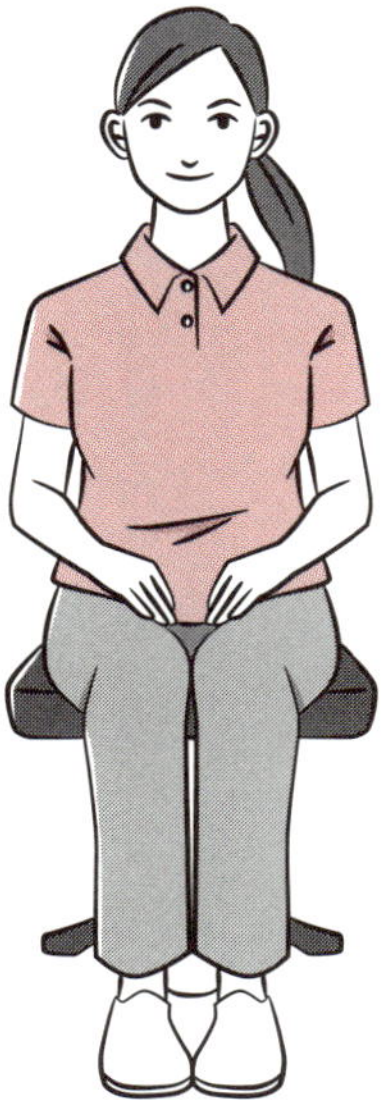

椅子に座って利用者と話をするときの態度

NG

腕や足を組んで、利用者の話を聞く

利用者の話を聞くとき、椅子の背もたれに寄りかかり、足を組んで、腰かけながら聞くと、あごが上がり、相手を見下しているような、偉そうな印象を与えてしまいます。

OK

正面を向いて背筋を伸ばして、手は膝の上に置く

利用者の話を聞くときは、背筋を伸ばして、手は膝の上に置きましょう。手は心の動きを表します。他のことを考えながら聞いているときは、指先をせわしなく動かしたり、手の位置を変えたりしてしまいがちです。あなたの気持ちが手の動きに表れます。

18 利用者のプライドを傷つけ、怒らせる「何気ない動作」

前項で挙げた姿勢の他にも、職員の何気ない動作が利用者を傷つけたり、怒らせたりしてしまう可能性もあります。利用者を不快にさせない配慮が大切です。

利用者目線に立った行動とは？

自分でも気づかずに、無意識に出ている癖は意外にあるものです。

例えば食事介助のときに、利用者の頭の上でビニールエプロンを広げたりしていませんか？　また職員が椅子に座らないで、立ったまま食事の介助をしようとしていませんか？　このような行為は利用者にとって、不快に感じるものです。

また、送迎時に利用者の人数の確認をするときなどに、一本指（人差し指）で相手を指して数えていませんか？　**このような際には、一本指ではなく、五本の指をそろえて手のひらで行いましょう。**

職員のやりやすい方法ではなく、利用者の立場に立った配慮が必要です。

最近では、パソコン画面を見ながら話し合いをするケースも増えてきていますが、このような場合も注意が必要です。**事務所のパソコンを打ちながら、利用者や家族の話を聞く行為は、相手に「大事にされていない」という印象を与えてしまいかねない**からです。

また、このような行為は相手の話に集中できないので、話の内容を間違って理解してしまう可能性もあります。

利用者のプライバシーに配慮する

プライバシーとは、他人に知られたくない自分の事情や生活のことです。他人から自分に関する情報について、干渉されない、侵害されない権利は、法律でも認められています。例えば、年収や財産等の状況や記録、家族や人間関係などの家庭生活の状況、職業や学歴などの過去の記録、病歴や身体の障害などの記録等です。

介護の仕事では、さまざまな場面で利用者のプライバシーに接することになります。介護職は、利用者の大切なプライバシーを守る必要があります。

例えば職員は、

- 他の人に利用者や利用者の家族に関する話などはしない
- 利用者の居室に入る前には必ずノックする
- 利用者のプライバシーに関する書類などは、他の利用者が見れないようにする

などの心づかいが求められます。

個人情報が記載されている書類は、不必要に持ち歩かないようにし、もしどこかに置く場合は、他の利用者から見えないように、伏せて置きましょう。

利用者の記録を書く場合も、誰からも見えるテーブルで書かないようにするなど、利用者のプライバシーを守る態度が必要です。

入居施設の居室は利用者の住まいです。そのことを意識して、入るときは必ずノックするか一声かけましょう。

また、レクリエーション中の様子を、利用者や家族の許可なく写真撮影して、SNSなどに投稿しないように注意しましょう。不特定多数の人に拡散してしまう可能性があります。

利用者の居室に入るときのマナー

NG

認知症の利用者は理解力が低下しているので、居室に入るとき、ノックや声かけもしないで入室してもいい

居室は利用者の住まいです。たとえ理解力が落ちた利用者の居室に入る場合でも、必ずノックや声かけをしてから入室しましょう。

OK

利用者の居室に入るときは、ノックをゆっくり三、四回し、声かけをしてから入室する

ノックをゆっくりと数回することで、相手が気づいて返事をするまでの時間にゆとりができます。なお、ノックを二回することは、トイレのときのマナーとされています。

19

語調であなたの印象が大きく変わる

語調とは、音声の抑揚、強弱、しゃべりの速度のことです。口をはっきり開けて、相手が聞きやすい声の大きさで、明るい声で、ハキハキと話すことが重要です。

また、声にはイメージがあります。話す速さ、大きさ、トーンによって相手に与える印象は異なります。ＴＰＯを考えて話しましょう。

高齢者に対しては声の大きさや会話の速さに気をつける

高齢者と話をするとき、あまり口を大きく開けずに、小さな声でモゴモゴと話すと、聞こえにくいだけではなく、弱気で消極的に見えます。また、このような「こもった声」は、やる気がなさそうで、鈍感な印象を与えかねません。

高齢者には少し大きめの声で話すのが基本です。ただしTPOを考慮して声かけをしなければ、無神経で自分勝手なイメージを与えてしまいます。

例えば、人がたくさんいる場所で「トイレに行きますか？」などと大きな声で聞くことは、利用者に対する配慮が欠けている行為でしょう。

適切な大きさの声で話すことにより、相手に安心感を与えることができます。声の「程よい大きさ」を自分なりにつかむことが大切です。

また、会話の速さにも気を配りましょう。早口は聞きづらいだけでなく、落ち着きがなく、ソワソワした感じを相手に与えてしまいます。その結果、相手は急《せ》かされているように感じてしまいます。**ゆっくり丁寧に話すことにより、あなたの気持ちを確実に、利用者に伝えることができます。**

明るい声って、どんな声？

皆さんは「明るい声」とは、どのような声だと思いますか？

「明るい声」とは、少し高めのトーンの声です。このことを意識して話すことによ

って、あなたの元気や意欲も相手に伝わります。

また、抑揚がないと感情が伝わらず、冷めている印象を与えてしまいがちです。特に、理解力が低下している認知症の利用者は、そのような職員を「冷たい人」と感じてしまう可能性があるので注意しましょう。

適度な「間」を入れる

特に伝えたい事柄を説明するときは、その言葉の前と後ろに適度な「間」を入れると効果的です。

「間」を入れることによって相手の注意を引き、余裕を感じさせることもできます。また、ゆっくり、丁寧に「間」を入れて話すことにより、相手が返事をしたり、質問をしたりするタイミングを作ることができます。

デイサービスでの朝のお出迎えの場面を想像してください。

●悪い例

職　員「おはようございます。お待ちしていました。お変わりありませんか？」

利用者「…………」

言葉の間に「間」がないので、せっかくあいさつしても、利用者は返事をすることができません。

●良い例

職　員「おはようございます」

利用者「はい、おはよう」

職　員「お待ちしていました」

利用者「ありがとう」

職　員「お変わりありませんか？」

利用者「今日は、気分がよくて、調子がいいよ！」

音を前に出すように

また、口を大きく開けて、ひとことずつはっきりと発音しましょう。**はっきりと発音する秘訣は「音を前に出す」ように話すことです**。日本語は言葉の最後で意思表示をする言語です。語尾まできちんと発音することで、あなたの意思が伝わり、誤解を防ぐことができます。

例　**相手　「明日、病院に行きますか？」**
あなた「行きます」「行きません」

言葉の前と後ろに「間」を入れる

NG

「おはようございます、お待ちしていました。お変わりありませんか？」

間を入れずに話し続けても、利用者は返事をすることができず、会話が一方通行になってしまいます。また、余裕がない印象も与えてしまいます。

OK

「おはようございます」
「お待ちしていました」
「お変わりありませんか？」

利用者と会話をするときは、ゆっくりかつ適度な「間」を入れて話すことにより、返事をしたり、質問をしたりするタイミングをつくることができます。また、会話の相手と言葉のキャッチボールをすることもできます。

非言語コミュニケーションを大切に!

「メラビアンの法則」をご存知ですか? アメリカの社会心理学者、アルバート・メラビアンが「言語的メッセージと非言語的メッセージが矛盾したときに、人はどの情報を重視するのか?」を調べる実験を行い、発見された法則です。比較したのは「言葉」「語調」「表情」です。

結果は次のようになりました。

言葉（言葉そのものの意味） 7%
語調（声のトーン・大きさ・抑揚等） 38%
表情（顔による感情表現） 55%

この法則からわかるのは、言葉よりも表情や語調といった非言語コミュニケーショ

COLUMN

ンの部分のほうが強く伝わるということです。

例えば、言葉で感謝の気持ちを伝えても、表情や語調が一致していない場合は、利用者にはうまく伝わりません。三つの要素が一致していることが大切です。

利用者には、疾患により相手の言葉を聞きとることができなかったり、自分の気持ちを言葉で上手に伝えられない人もいます。そのような利用者を介護する場合は、通常の場合よりも注意深く、非言語コミュニケーションである、利用者の表情や語調を意識して観察する必要があります。

また、語調は自分の本音が出やすいところでもあります。例えば、疲れていたり、やる気がないときは、声のトーンが低くなりがちです。また急いでいるときは、早口になりがちです。イライラしているときは、大きな声を出してしまいます。気持ちが入ってないときには、単調な言い方になってしまいます。

利用者は、語調を通じて皆さんの気持ちを受け取ります。誤解されないためにも、非言語コミュニケーションに細心の注意を払いましょう。

第5章

介護現場に適切な身だしなみとあいさつの仕方

20

高齢者には見た目で先入観を持つ人が多い

高齢者は、認知機能の低下により、理性よりも感覚的な部分で情報を受け取りやすくなります。そのため、視覚や聴覚からの情報がより重要になります。

つまり、前章で紹介した表情や語調、態度の他、身だしなみやあいさつから受ける印象が記憶に残りやすくなり、その人の先入観につながります。しかも、一度持った先入観を変えるのは難しく、その後も最初の印象が長く続きます。

また、直接目に見える形の商品を販売するのではなく、利用者への介助や支援を提供して報酬を得ている介護サービスの場合、サービスを提供する介護職員のイメージが、そのサービス、または事業所などの企業のイメージにつながります。

例えば、洋服にフケが落ちて不潔に見える職員が食事の介助をしていれば、「食事そのものも不潔なイメージ」になってしまいます。そして、そのような職員がサービスを提供している事業所も、「不潔なのではないのか？」という印象を持たれてしまいます。

一人の職員のだらしなく不潔なイメージが、事業所全体のイメージにもつながってしまうのです。他の職員が一生懸命つくり上げてきた事業所の良いイメージが、たった一人の職員のために崩れてしまうこともありえるのです。

「身だしなみ」と「オシャレ」を使い分ける

「身だしなみ」は、相手本位で考え、服装や髪形などを整えるものです。相手に不快感を与えないようにする、心配りのことです。一方、「オシャレ」は、自分の好みでするもので、自分本位のものです。

職場ではオシャレではなく「身だしなみ」を心がけたいものです。オシャレは、プライベートの時間に思いきり楽しみましょう。

あなたの身だしなみは、あなた自身ではなく相手が判断します。自分の考えやこだ

■職場に適した服装はどっち？■

「身だしなみ」

相手に不快感を与えない
ようにする気配り

相手本位

「オシャレ」

自分の好みでするもの

自分本位

わりよりも、「相手がどのように感じるか？」ということを考慮して身だしなみを整えることが重要です。

相手の感じ方は、その方の性別や年代で異なります。介護現場では、利用者の生活歴（生活してきた時代背景など）を考慮することも大切です。

身だしなみの三つのポイント

介護の仕事は、身体介助や入浴介助など、利用者に近い距離で行う業務がたくさんあります。清潔感・機能性・安全性に配慮した身だしなみを心がけましょう。

❶清潔感

服装に汚れがなく、身だしなみがきちんとしていると、誠実な印象を与えます。

❷機能性

迅速で適切な対応をするために、介護現場では動きやすい服装が不可欠です。

❸安全性

利用者の肌は傷つきやすくデリケートです。安全で安心の介護を提供するためアクセサリーなど、身につけるものに気を配りましょう。

この三つのポイントを心がけることで利用者の家族にも好印象を与え、大切な人を「安心して任せることができる」という信頼感も生まれます。

介護現場での身だしなみでよく問題になるのが、髪の毛の色や男性のヒゲなどです。「接遇マナー」ではバランス感覚が重要です。職場によって適切な身だしなみの基準は異なります。その職場に適した身だしなみを選ぶことが大切です。

例えば、美容院のスタッフの金髪やヒゲは決して不快ではありません。かえってファッション性や流行を伝えることができ、好印象の場合もあります。

しかし、介護現場では異なります。利用者が感じる金髪やヒゲのイメージはどのようなものでしょうか？　年配の利用者にとって、清潔感や信頼感につながらない可能性が高いのではないでしょうか？　その職業に適した身だしなみを整えましょう。

以前、次のようなことがありました。金髪の職員が入所して勤務をはじめた当日、ある利用者の家族から「母があの職員に虐待されるのではないかと心配している」という苦情が入ったのです。

その利用者が育った時代には、金髪は一般的ではなく、一部の特殊な人がしている髪の色というイメージがあったのでしょう。利用者の頭の中で「金髪」イコール「不良」と理解され、それが「虐待」というイメージにもつながってしまったようです。

その職員には、髪の毛の色を落ち着いた色に染め直してもらいましたが、利用者がはじめに持った悪い印象はしばらく続いてしまいました。

このように、**年代や育った環境によっても「身だしなみ」の基準が異なります**。身だしなみの基準は、個々の職員に判断を委ねるのではなく、事業所の理念を反映した、利用者や家族に安心感や信頼感を与えるような「身だしなみ規定」を定めておくことをお勧めします。

自分の身だしなみをチェックする

身だしなみとは服装だけではありません、利用者に近い距離で行う業務が多くある介護の仕事では、口臭や化粧、爪の長さにも気を配りましょう。

介護現場での基本的な身だしなみのチェックポイントを次ページに表でまとめてみました。あなたはいくつ○がつくでしょうか？

施設の身だしなみも忘れずに

身だしなみは、個々の職員だけでなく、施設全体にも求められます。**施設の身だしなみとは、事業所内の整理整頓のことです**。迅速な介護を提供するためにも、施設の身だしなみが大切です。

■身だしなみチェックリスト■

	項目	○×
髪	清潔で、手入れできているか	
	フケや匂いはないか	
	前髪が目にかかっていないか	
	肩にかかる長い髪はまとめてあるか	
	ヘアーカラーは、不自然な色を避けているか	
服	決まったユニホームを着用しているか	
	自分のサイズに合ったものを着用しているか	
	汚れていないか、シミ、シワ、破れはないか	
	名札を適切な位置につけているか	
	ポケットに物を入れすぎていないか	
顔	鼻毛やヒゲが伸びていないか	
	口臭はないか	
	控えめで自然な化粧を心がけているか	
足	靴は汚れていないか、傷みはないか	
	上履きのかかとを踏んでいないか	
	靴下は破れていないか、派手すぎないか	
手	手は汚れてないか	
	爪は短く切って清潔にしているか	
香り	匂いの強い香水や整髪料の使用を避けているか	

例えば、利用者の介護記録やケアプランを確認したい場合、そのような重要な書類が施錠できる場所に整理整頓して保管されていれば、施設長の許可を得てすぐに閲覧することができます。

しかし、そのような書類が施設長やケアマネジャーの机の引き出しにバラバラに入っていれば、探すのに時間がかかるだけでなく、誰かに見られてしまい、利用者のプライバシーが侵害される恐れもあります。

また、例えば利用者の介助にSサイズのおむつが三個必要な場合、倉庫の中でサイズ別に個々の箱に整理整頓されて保管されていれば、見つけて持ち出すのに多くの時間はかかりません。

一方で、もしおむつがサイズがバラバラになったままで、一つの箱にまとまって入っていれば、その中からほしいおむつを探し出すのに時間がかかってしまいます。これでは迅速な介護を提供することができないでしょう。

グループホームでの職員の身だしなみ

NG

グループホームは利用者の家なので、介護職員も家にいるときのようなリラックスした服装で働く

グループホームで利用者にリラックスしてもらうようにする職員の配慮は必要です。しかし、だからといって職員が自分の好きな服で勤務していいわけではありません。

OK

利用者に不快な思いをさせないような、清潔感や機能性、安全性に配慮した服装で働く

グループホームは利用者にとっては家のような存在ですが、介護職員にとっては職場です。利用者を不快にさせないための服装が必要です。清潔感や機能性、安全性に配慮した服装は、利用者のみでなく家族にも安心感を与えます。

21 心のこもったあいさつは好感度を高める

心のこもったあいさつが好感度の高い第一印象を与えます。あいさつは、一日のスタートでもあり、コミュニケーションの第一歩です。

あいさつをするときは、自分から先に心をこめて気持ちのよいあいさつをしましょう。

また、明るいあいさつによって、お客様を歓迎している気持ちが伝わります。

次ページの表に、基本的なあいさつを載せておきました。

あいさつに続ける言葉

また、**あいさつの後に心なごむ一言をつけ加えることで、利用者やその家族とのコミュニケーションが始まり、信頼関係が深まります。**

■あいさつの基本を覚えよう■

あいさつの言葉	ポイント
「おはようございます」	1日のスタートは、明るく、元気に、大きな声であいさつをしましょう。
「いらっしゃいませ」	家族や訪問者を快く迎えるために歓迎の心を込めて伝えます。
「はい」	呼ばれたときは、すぐに返事をしてあなたのやる気を伝えます。
「承知いたしました」	指示や依頼を受けたときは、しっかりと「引き受けました」という意思表示をします。
「ありがとうございます」	感謝の気持ちを伝える大切な言葉です。
「お願いします」	人にものを頼むときは、この一言をそえましょう。
「申し訳ございません」	相手に迷惑をかけたときは、素直に謝ります。
「お疲れさまです」	相手を気づかう心を言葉で伝えます。
「お待たせいたしました」	待っていただいたことへの感謝の気持ちをこめて伝えます。
「お先に失礼いたします」	一日の締めくくりに感謝の気持ちを込めて伝えます。

例えば、次のような言葉を、あいさつの後に続けてみましょう。

❶相手を承認する言葉

「おはようございます！　○○様、素敵なお洋服ですね」

「おはようございます！　○○様、お待ちしていました」

「こんにちは！　○○様、お変わりないですか？」

「お久しぶりです！　○○様、お会いできて嬉しいです」

❷自分の五感を働かせた言葉

五感とは、視覚・聴覚・嗅覚・触覚・味

覚のことです。五感で感じたことを、あいさつの後に入れてみましょう。

「おはようございます！　○○様、今日は暖かくなりましたね」

「こんにちは！　○○様、今日は顔色がいいですね」

「こんばんは！　○○様、今夜は満月で月がきれいですよ」

「お久しぶりです！　○○様、お元気そうですね」

座っている利用者へのあいさつの仕方

NG

高齢者は、耳も遠く、視野も狭いので、素早く近づいて、顔が見えるように少し屈んで、大きな声であいさつをする

このようなあいさつの仕方をしている介護職の方は多いのでないでしょうか？　しかし、いきなり近くにきて顔を覗き込まれ、大きな声であいさつをされると、ビックリしてしまうという利用者もいます。

OK

前方から笑顔でゆっくり近づき、少し手前で止まってあいさつをし、斜め横に屈んで、やや大きめのトーンで声をかける

相手が笑顔でゆっくり近づいてくるので、安心感があります。1・5メートルくらい手前であれば、座っている利用者の視野に相手の全身が入るので、アイコンタクトをとることもできます。

22

立礼と座礼のポイント

あいさつの仕方は、立ってお辞儀をする「**立礼**《りつれい》」と、座ってお辞儀をする「**座礼**《されい》」に大きく分かれます。ここでは、それぞれのポイントについて解説します。

あいさつはできるだけ自分からするように心がけましょう。あなたが先にあいさつをすれば、相手もあいさつを返してくれるでしょう。

好感度の高いあいさつには流れがある

現代の西洋的な生活空間では、「立礼」で応対するのが一般的です。立礼のポイントは、次のようになります。

❶立ち止まって、姿勢を整える

いったん立ち止まることで、正しい姿勢をとることができます。背筋を伸ばして立ち、両手は指先をそろえて体に沿わせます。美しい立礼は、お辞儀の前の立った姿勢が重要です。

❷相手の目を見る

相手と体の向きを合わせて、アイコンタクトをとります。

❸あいさつの言葉が先、その後で上体を倒す

日本のあいさつは、先にあいさつの言葉を述べ、その後でお辞儀をする「語《ご》先《せん》後《ご》礼《れい》」が基本です。

❹上体は腰を中心にまっすぐ倒す

背筋を伸ばして、上体を前傾させます。

⑤上体を倒し、いったん止め、ゆっくりと上体を起こす

頭が一番下に下がったときに静止することで、メリハリのあるお辞儀になります。体を曲げるときよりも、体を起こすときのほうが早くなりがちですが、ゆっくり上げることで、相手に丁寧な印象を与えます。

⑥上体を起こした後、もう一度相手の目を見る

アイコンタクトを加えることで「間」ができ、お辞儀に深みが生まれます。

角度によって、お辞儀の意味が変わる

立礼には、上体を前傾する角度により三種類のお辞儀があります。TPOを考えて適切なお辞儀を選びましょう。

①会釈

入退室時やすれ違う場面のお辞儀です。上体を十五度くらい前傾します。

■美しい立礼の仕方■

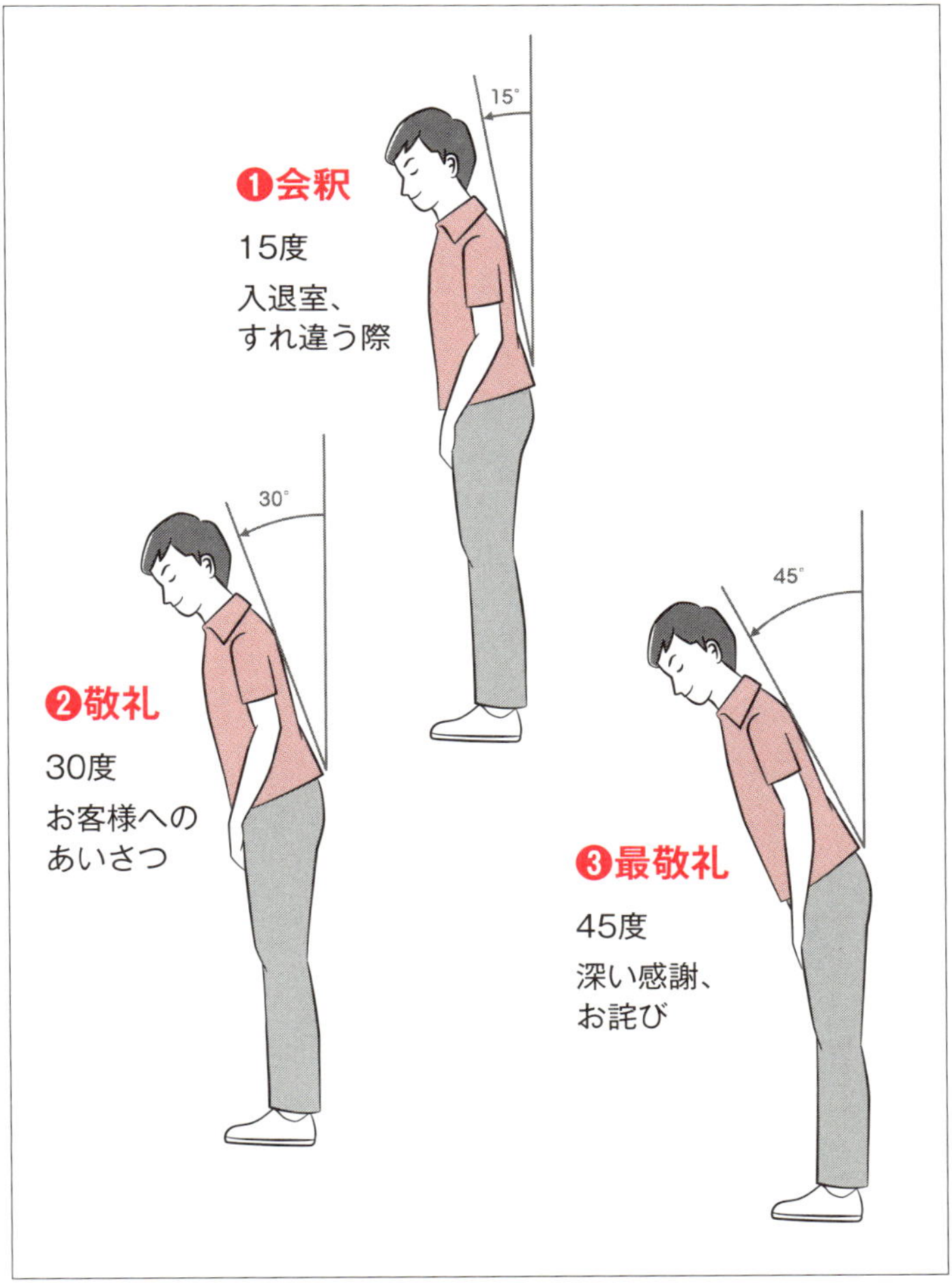
15°
❶会釈
15度
入退室、
すれ違う際
30°
❷敬礼
30度
お客様への
あいさつ
45°
❸最敬礼
45度
深い感謝、
お詫び

❷敬礼

日常のあいさつや出迎え、見送り等の場面のお辞儀です。上体を三〇度くらい前傾します。

❸最敬礼

深い感謝の気持ちを伝えたり、お詫びの場面のお辞儀です。上体を四五度くらい前傾します。

座礼をする際のポイント

訪問介護などで、利用者の家で和室に通されることもあります。

利用者が和室に座っている場合、立ってあいさつをするのは失礼になります。このような場合は、「座礼」をしましょう。座礼にも、三種類のお辞儀の仕方があります。TPOを考えて適切なお辞儀を選びましょう。

❶浅い礼

会釈程度の軽いお辞儀です。正座から、手を膝の横にそろえて指先が少し畳につくまで上体を曲げます。

❷普通の礼

あいさつの言葉を述べるときのお辞儀です。手を膝の脇につき、指先と膝頭が並ぶ位置まで上体を曲げます

❸深い礼

敬意や感謝を伝えるお辞儀です。手を膝よりも前で「八」の字の形になる位置まで上体を曲げます

分離礼と同時礼

少し細かくなりますが、あいさつには、お辞儀と言葉をどのタイミングで行うかに

■美しい座礼の仕方■

❶浅い礼

❷普通の礼

❸深い礼

よって、「**分離礼**」と「**同時礼**」に分かれます。

利用者や家族、外部からの訪問者、職場の同僚や上司等、相手に合わせて使い分けましょう。

❶分離礼

言葉を先に述べお辞儀を続ける正式なお辞儀です。相手への敬意を最も表すことができます。

❷同時礼

言葉の途中からお辞儀をします。分離礼よりは略式ですが、状況に合わせて行えば失礼にはあたりません。例えば、職員同士の日常のあいさつは、簡潔に同時礼で行ってもいいでしょう。

どのような立礼が適切か？

NG

廊下ですれ違った職員に、最敬礼をする
クレームのお詫びをするときに、会釈をする

時と場合に応じて、適切なあいさつが求められます。日常のあいさつで深々とお辞儀をしたり、お詫びの場面を会釈で済まそうとするのは不自然です。

OK

廊下ですれ違った職員に、会釈をする
クレームのお詫びをするときは、最敬礼をする

日頃の職員同士のあいさつは、会釈で済ますのが普通です。一方で、クレームを出した利用者にお詫びをする場面では、その気持ちを表すために最敬礼で対応しましょう。

COLUMN

日本のあいさつは奥が深い

日本の礼法（小笠原流）には「礼三息」という言葉があります。流派によって「れいさんそく」「れいみいき」と読みます。お辞儀をするとき大切なのが息づかいです。三つの息でお辞儀をすることで、ゆったりとした、美しいお辞儀をすることができます。

❶上体は息を吸いながら傾ける

息を吸うことで、正しい姿勢を保って、動作をすることができます。

❷止まったところで息を吐く

息を吐くことで「間」ができ、ゆとりのあるお辞儀ができます。

❸息を吸いながら上体を戻す

反動をつけて起き上がらないように、ゆっくり上体を元に戻します。

また「残心《ざんしん》」という言葉もあります。この言葉は「心を最後まで残す」という意味です。

お辞儀をした後、すぐに次の動作に移らず、数秒「間」をとることで、お辞儀に深みが生まれます。介護の現場でも、意識してみるといいかもしれませんね。

第6章

働く人同士がスムーズに仕事をするための言葉づかい

23

介護の仕事は「チームケア」

介護現場のマナーというとすぐに頭に浮かぶのは利用者や家族、訪問者などに対するものですが、一緒に働く人への心づかいも重要です。介護は「チームケア」ですから、職員間でのスムーズな連携が必要です。**職員間の言葉づかいや態度が利用者への対応に表れます**。介護に携わるすべての人が気持ちよく過ごすためにも、職員同士のマナーが大切です。

新入職員が働きやすい職場をつくる

介護業界が抱える問題点の一つに、職員の離職率の高さがあります。公益財団法人介護労働安定センターによる平成二八年度の「介護労働実態調査」の結果では、介護職員全体の離職率は一六・七％ですが、そのうち、一年未満の離職者は約三九・九％、一年以上三年未満の離職者が二七・三％を占めます。

つまり、**離職者の約三分の二が、三年未満で退職しているのです**。事業所全体の離職率を下げるためには、就職から三年未満の職員の離職率を下げることが重要です。

また、介護の仕事をやめた理由については、第一位「職場での人間関係に問題があったため」、第二位「結婚・出産・妊娠・育児のため」、第三位「法人や事業所の理念や運営のあり方に不満があったため」となっています。多くの介護職員が、一緒に働く職員同士の人間関係や、職場の運営のギャップに悩んでいる姿が見えてきます。

相手を大切に思う心は、言葉づかいや態度に表れます。職員一人ひとりが、利用者や家族のみでなく、一緒に働く人に「相手を大切に思う心」を持って接することで、介護現場の人間関係を円滑にし、チームワークが促進され、離職率も下がるはずです。その結果、「より良いサービス」の提供が可能になります。

「チームワーク」が大きな事故を防ぐ

皆さんは、職場で小さなミスをしてしまった経験はありませんか？

職員同士の「チームワーク」が良ければ、他の職員がそのミスを補い、大きな事故に結びつかないような対応をとることができます。

一方「チームワーク」が悪いと、職員間の連絡がうまく行かなくなります。すると、小さなミスが見逃され、それが積み重なり、大きな事故につながりかねません。介護現場での大きな事故は利用者の命にかかわることもあります。大きな事故を起こさないためにも、職員同士の連携が重要です。

職員同士のあいさつの基本

	あいさつの言葉	ポイント
●朝の出勤時	「おはようございます」	明るく、元気よくあいさつする 他の人が仕事をしているときは静かにあいさつする
●外出時	「行ってまいります」	自分が外出するときのあいさつ
	「行ってらっしゃい」	他の職員が外出するときのあいさつ
●帰社時	「ただいま帰りました」	自分が外出から戻ったときのあいさつ
	「お帰りなさい」	他の職員が帰社したときのあいさつ
●退社時	「失礼します」 「お先に失礼します」	自分が退社するときのあいさつ 残っている他の職員へのあいさつ
	「お疲れさまでした」	先に退社する他の職員へのあいさつ

例えば、夜勤の職員からの引き継ぎが十分でなかったために、利用者に対して望ましくない対応をしてしまった、というようなこともあり得ます。

また、利用者の家族も「チーム」の一員です。必要な情報を共有して、利用者が安心して介護を受けられる環境をつくることが大切です。

上司・先輩・同僚へのあいさつ

職場では、時間や状況に応じて、基本的なあいさつの言葉があります。前ページに、職員同士で行う基本的なあいさつの一覧を載せておきました。

朝の「おはようございます」からはじまり、帰宅時の「お先に失礼します」まで、基本を覚えて、普段から気持ちのよいあいさつをするよう、心がけましょう。

職場での適切なあいさつ

NG

自分が帰るときに「お疲れさまです」
先輩が帰るときに「ご苦労さまです」

「お疲れさま」は一緒に仕事をした人へのねぎらいの言葉です。また、「ご苦労さま」は上司が自分のために仕事をしてくれた部下をねぎらう言葉です。上司や先輩、同僚に使うことは失礼になります。

OK

自分が帰るときは「お先に失礼します」
先輩が帰るときは「お疲れさまでした」

自分が帰るときは、残っている職員へ「お先に失礼します」と丁寧にあいさつをします。上司や先輩が帰るときは「お疲れさまでした」とねぎらいのあいさつをしましょう。

24

従業員同士の報《ほう》・連《れん》・相《そう》を高めよう

仕事をするときは、上司や関係者と情報を共有するための「報告・連絡・相談」（報《ほう》・連《れん》・相《そう》）が大切です。小さな情報の積み重ねが、仕事のミスを防ぎ、効率を上げて大きな成果に結びつきます。

報・連・相の目的とやり方

報・連・相の目的は、次の通りです。

報告　上司に仕事の問題点や結果などを知らせることで、指示された仕事の進行状況を伝えることができます。

連絡 関係者に正しい情報を伝えることにより、判断ミスを防ぐことができ、チームワークの向上にもつながります。

相談 上司や先輩などから、仕事の方向性の確認や効率的に仕事を進める方法、アドバイス等の指示を得ることができます。

また、上手な報告や連絡の仕方は次のようになります。

❶報告は必ず指示をした本人に伝える

正確な内容を伝えるためには、指示を出した本人に直接伝えます。

❷簡潔に伝える

要点を整理して結論を先に、かつ簡潔に伝えます。

❸早めに伝える

相手から催促される前に、できるだけ早めに伝えます。

❹事実と感想は分けて伝える

自分の意見や感想は、事実をしっかり伝えた後に述べます。

❺わかりやすく伝える

複雑な案件などは、事前に資料を作成するなどしておきましょう。

❻悪いことこそすぐに伝える

トラブルや失敗は、速やかに偽りなく伝えましょう。報告が遅れると深刻化する可能性があります。

❼必要に応じて口頭と文書を使い分ける

報告には口頭での報告と文書での報告があります。口頭での報告には、「早い」「簡単」「臨機応変な対応」といった利点があります。一方、文書での報告の場合は「記録に残る」「複雑なことを盛り込める」「同時に同じ内容のものを多くの人に伝えられる」という利点があります。状況に応じて適切に使い分けましょう。

欠勤や遅刻の連絡の仕方

やむを得ない事情で急きょ仕事を休んだり、遅刻することもあるでしょう。そうしたときも、適切な連絡をすることで、他の職員の負担をできるだけ軽くするようにします。

❶欠勤の場合

病気などで仕事を休むときは、余裕をもって必ず始業時間前に、自分から電話連絡をしましょう。その日の担当業務について、他の職員に分担するためにシフト調整が必要なこともあります。

どうしても事前に連絡ができないときは、連絡を取ることが可能になった時点ですぐに報告しましょう。重病等で連絡ができない場合は、家族など、別の人から連絡を入れてもらえるよう、手配しておきましょう。

介護職はシフトで仕事をしていることが多く、一人の職員が欠勤することで、他の多くの職員に迷惑をかけてしまいます。日頃から自分の体調管理に気を配り、病気やケガで急に休むことのないように、心がけることも重要です。

❷遅刻の場合

あらかじめ遅刻することがわかっているときは、事前に上司に報告をします。交通機関の遅れなどの突然の理由で遅れる場合は、遅れることが判明した時点ですぐ連絡をします。

そのとき大切なのが、遅れる理由だけでなく、到着予定時間を伝えることです。遅れた時間内の仕事を他の職員が分担しなければならない場合もありますので、何時に到着できるかということを伝えるのはたいへん重要です。

また、職場に到着した後は、フォローをしてくれた他の職員に対して感謝の言葉も忘れずに伝えましょう。

重要な報告をするときに大切なこと

NG

重要な報告は、項目を確認して、迅速に、要領よく、口頭で伝える

迅速に、要領よく報告するのは大切です。ただし重要な項目は、口頭ではなく文書で伝えることで、聞き間違いを防ぎ、一度に多くの職員に情報を正確に伝えることができます。

OK

重要な報告は、項目を確認して、文書で伝え、必要に応じて資料や図表を用意する

重要な項目を報告する場合は、聞き間違いがないように文書で伝えます。また、資料や図表を一緒に用意することで、より具体的でわかりやすい説明が可能になります。報告された相手も、口頭で伝えられるより、正確に内容を理解することができます。

25

職場の同僚や後輩を傷つけていないか？

私は、研修などの際に、「今までに職場の先輩や同僚に言われて傷ついた言葉」について、介護職の方に尋ねることがあります。その際に聞いたエピソードをいくつか紹介しましょう。

同僚の「何気ない言葉」で傷つくことも

ある方（Aさんとします）が、他の事業所より転職して、新しい職場の先輩から仕事を教わっていたときのことです。その先輩から、「介護の経験があると聞いていたけれど、こんなこともできないの？」と言われました。

Aさんは、この言葉を今でも忘れられないそうです。自分の能力を否定されたようで、思い出すたびに「悔しくて眠れない」と言っていました。

多分先輩は深く考えたわけではなく、思いついたことをそのまま言葉に出して伝えたのだと思います。しかし、その言葉を言われた相手はこんなにも傷ついて、悔しい思いをずっとしているのです。


次のような例もありました。

新しい事業所に転職してきたばかりの方（Bさんとします）が、先輩から教えてもらったことのない仕事の内容について「この前も教えたのに何回言えばわかるの！」と注意されたのです。

「いいえ、この内容については教えてもらっていません」と反論したところ、「言った」「言わない」の言い争いになり、その先輩とギクシャクした関係になってしまいました。結局、Bさんはその職場を三カ月で辞めてしまったそうです。

この二つの例は、いずれも転職後間もない時期の出来事です。**職員同士の心ない一言が相手を傷つけて、信頼関係を壊してしまいます**。

介護の仕事は「チームケア」です。職員同士が協力して介護をすることで、より良いサービスの提供が可能になります。一緒に働く仲間にこそ、思いやりの心を持って、相手の尊厳を守る言葉づかいや態度を心がけることが大切です。

職場の同僚や後輩を傷つける言葉づかいをしていないか？

特に新しい職場に入職して間もない新入職員は、新しい環境や人間関係に慣れていないので、不安な気持ちを持っています。

このような時期に、職場の先輩から傷つくような言葉を投げかけられたら、モチベーションは下がりストレスが溜まります。最悪のケースは離職という選択につながる可能性もあります。

職員同士、お互いに相手を思いやり、相手を不快な気持ちにさせないためにも、マナーにはくれぐれも注意しましょう。

職場での適切でない言葉づかいをここでは挙げてみます。自分がこのような言葉づかいをしていないか、確認してみましょう。

❶指示・命令的な言葉づかい

「何時までに〜しておいてね」

「○○さん（利用者）に薬を飲ませてきて」

上から目線が伝わる言い方は、相手を不快にさせます。

❷相手を否定する言葉づかい

「ダメじゃない、何度言えばわかるの」

「まったく、使えない人ね！」

相手の尊厳までも否定してしまいます。

❸ネガティブな表現づかい

「遅い！」

「手際が悪い！」

相手の能力を否定してしまいます。

❹なれなれしい言葉づかい

「○○ちゃん、早くそこのタオルを取って！」

「○○さん、お片づけオ・ネ・ガ・イ！」

❺自分中心の言葉づかい

「早くして」

「まだ？」

「いつまで待たせるの」

❻相手のプライドを傷つける言葉づかい

「しかたがないから、助けてあげる」

「まだ一人では無理じゃないの？」

年上の部下への言葉づかいで困っていませんか？

介護現場では、大学や専門学校を卒業した比較的若い職員が施設長や介護リーダーの職に就き、中途入社や定年退職後に入職した年上の職員が部下になるケースも珍しいことではありません。

このような場合に、年下の上司になる人から、「自分の親のような年齢の部下にどのように接していいのか困ってしまう」という相談を受けることがあります。

また、事業所内で次のような会話を耳にしたこともあります。勤続年数の長い年上の部下が、若い上司に「ねえ、ねえ、○○ちゃん、来月のシフト変更してくれない？」となれなれしい言葉づかいで頼んでいたのです。若い上司は「理由を伺えますか？」と、年上の部下に謙譲語で尋ねていました。

職員間でのこのような言葉づかいは、上司と部下という二人の立場が逆転してしまう可能性があります。

介護の仕事にはチームワークが求められ、一人ひとりの職員に果たすべき役割があります。職員間では、指示・命令を明確にするため、年齢とは関係なく職責上のそのような役割をふまえ、自分の立ち位置を考えた言動をすることが大切です。

職場では、たとえ年上の部下であっても、上司と部下という立場をふまえた言葉づかいや態度を心がけましょう。

同僚や部下を傷つけない言葉づかい

NG

自分と介助方法が異なる職員に

「あ〜、ダメダメ、その方法はダメ！」

利用者の介助にはさまざまな方法があります。たとえ自分の介助の方法と異なっていたとしても、それが間違いとは限りません。

OK

自分と介助方法が異なる職員に

「その方法もありますが、ここの事業所ではこちらの方法でお願いします」

相手の行動に対して注意を促したいときでも、できるだけ相手のプライドを傷つけない言葉を選びましょう。そうすることで相手は素直に受け入れることができます。

親しき仲にも礼儀あり！

社会福祉法人池上長寿園　特別養護老人ホーム糀谷
介護リーダー　**森　繁樹** 様の体験談

私は、職場では、年下のスタッフや部下であっても、なるべくなれなれしい言葉づかいで話しかけないように心がけています。

例えば、朝のあいさつなら、「おはよう」ではなく「おはようございます」、名前を呼ぶときも、「○○くん」や「○○ちゃん」ではなく、「○○さん」と呼ぶようにしています。

以前、勤務していた施設で、部署は違ったのですが、仲の良い後輩がいて、当時私は、彼を「Sくん」と呼んでいました。

私が現在の施設に転勤になり、10年ほどして、後から彼が私の上司として同じ部署

COLUMN

に転勤してきました。

あるとき、他のスタッフがいる前で、つい昔のように、彼を「Sくん」と呼んでしまいました。後日、彼から、とても恥ずかしい思いをしたと打ち明けられ、不快な思いをさせたことを反省し、「親しき仲にも礼儀あり」という言葉を思い出しました。それ以来、彼を「Sさん」と呼び、言葉づかいにも気をつけるようにしました。

今では、彼との信頼関係を取り戻すこともでき、人材育成の部署に異動した彼から、私に研修の講師の依頼が来るようになりました。ちょっとした心づかいが、職場での人間関係を円滑にすることを学びました。

参考文献

- 文化審議会答申「敬語の指針」（平成19年）
- 蜂谷英津子『介護職のための接遇マナー』公益財団法人介護労働安定センター（平成28年）
- 蜂谷英津子、小池妙子監修『こころをつかむ礼儀とマナー』株式会社日本医療企画（平成25年）
- 小笠原清忠『入門 小笠原流礼法』一般財団法人礼法弓術弓馬術小笠原流（平成26年）
- 小笠原敬承斎『誰からも好かれる社会人のマナー』株式会社講談社（平成22年）
- 田中千惠子編『医療に従事する人のための患者接遇マナー基本テキスト』株式会社日本能率協会マネジメントセンター（平成17年）
- 公益財団法人介護労働安定センター「平成28年度『介護労働実態調査』の結果」（平成29年8月4日資料提供）

蜂谷英津子（はちや　えつこ）
HOTシステム株式会社代表取締役。介護人材育成コンサルタント。スイスの貿易会社の日本代表、大手デパートや外資系ホテルのVIPゲストの接客やコンサルティングを経て、介護事業所を全国に展開する企業で介護職の人材育成に従事。介護職向けの各種研修の講師や、新規事業所開設前の利用者対応のOJTを担当した。2010年にHOTシステムを設立。介護職のための接遇マナーやホスピタリティ、コミュニケーション、クレーム対応、社会人のための介護セミナーなど、数多くの公益法人や福祉事業者、大手企業にて研修や講演の講師を務める。介護職のための研修は内容や事例が介護現場に即しており「わかりやすくて現場ですぐに実践できる」と定評がある。
著書に『介護職のための接遇マナー』（介護労働安定センター）、監修書籍に『こころをつかむ礼儀とマナー』（日本医療企画）などがある。

言葉《ことば》づかい・ふるまい方《かた》からクレーム対応《たいおう》まで
介護職《かいごしょく》が知《し》っておきたい接遇《せつぐう》マナーのきほん

2018年6月1日　初版発行

著　者　蜂谷英津子
発行者　吉田啓二

発行所　株式会社日本実業出版社　東京都新宿区市谷本村町3－29 〒162－0845
大阪市北区西天満6－8－1 〒530－0047
編集部　☎03－3268－5651
営業部　☎03－3268－5161　振　替　00170－1－25349
https://www.njg.co.jp/

印刷／厚徳社　　製本／共栄社

この本の内容についてのお問合せは、書面かFAX（03－3268－0832）にてお願い致します。
落丁・乱丁本は、送料小社負担にて、お取り替え致します。

ISBN 978－4－534－05592－7　Printed in JAPAN